Voyance
Et si c'était vrai ?

*Pour une approche raisonnée
de la voyance...*

Groupe Eyrolles
61, bd Saint-Germain
75240 Paris cedex 05

www.editions-eyrolles.com

Avec la collaboration de Guillaume Clapeau

Le Code de la propriété intellectuelle du 1er juillet 1992 interdit en effet expressément la photocopie à usage collectif sans autorisation des ayants droit. Or, cette pratique s'est généralisée notamment dans l'enseignement, provoquant une baisse brutale des achats de livres, au point que la possibilité même pour les auteurs de créer des œuvres nouvelles et de les faire éditer correctement est aujourd'hui menacée. En application de la loi du 11 mars 1957, il est interdit de reproduire intégralement ou partiellement le présent ouvrage, sur quelque support que ce soit, sans autorisation de l'éditeur ou du Centre Français d'Exploitation du Droit de copie, 20, rue des Grands-Augustins, 75006 Paris.

© Groupe Eyrolles, 2010
ISBN : 978-2-212-54636-1

Didier Goutman et Joëlle Portalié

Voyance
Et si c'était vrai ?

*Pour une approche raisonnée
de la voyance...*

EYROLLES

Sommaire

Avant-propos
Pourquoi un livre sur la voyance ? 1

Introduction
Définitions, précisions, avertissements 5
   Le champ d'investigation 5
      Définitions 6
      Territoires 8
      Étymologies et traductions 9
   Avertissement préalable 12
   Structure de l'ouvrage 14

Chapitre 1
Mythe ou réalité ? 17
   Des faits qui résistent… 17
   Envies, réticences, conflits et paradoxes 25
      Envies 26
      Réticences 29
      Conflits et paradoxes 33
   Témoignages, objections, réfutations et conclusions 38

Chapitre 2
Usages et mésusages 47
   Les usages de la voyance 48
      Les principes 48
      Le temps 51
      Les thèmes 65
   Arts divinatoires et questions spécifiques 76
      Le rôle des supports 76
      Tarots, runes, Yi Jing et voyance pour soi 78
      Expériences, questions et hypothèses 82
   Les limites de la voyance 85
      Les limites de la faculté de voyance 86
      Les limites du voyant 90
      Les limites de la situation de consultation 94
   Les risques et les pièges 97
      Côté voyant : défenses, emprise et toute-puissance 97
      Côté consultant : peurs, refus, soumissions et dépendances 101
      Attitudes justes, usages matures et questions pertinentes 104

Chapitre 3
Ces questions que nous pose la voyance 107
   Une faculté psychique ordinaire ? 108
      Tous voyants ? 108
      Une faculté latente 111
      Les exceptions au déni ordinaire 113
   Et si nous étions tous reliés… 116
      La question 116
      Visions d'Orient 118
      Visions d'Occident 121
   La si délicate question du temps… 125
      Le futur est lové dans le présent 125
      Futurs probables et météorologie prédictive 126

    Trajectoires multiples et prévisibilité relative 128
    Le futur, création permanente ? 131
    Et pourtant... 133
  L'esprit, la matière et ses mystères................................... 136

Conclusion
Au plus près du réel... 141
  Au-delà des masques 141
  Le visible et l'invisible 143
  Réconcilier... enfin ? 145

Avant-propos
Pourquoi un livre sur la voyance ?

La voyance est un sujet paradoxal.

En effet, quelle que soit la façon dont on la définit – voyance, médiumnité, arts divinatoires, pouvoirs psi… –, elle suscite toujours une réelle et indéniable curiosité. Et dans le même temps, elle s'accompagne pourtant – tout du moins dans le monde occidental et en France notamment – d'une sorte de déni profond et systématique. Prédire ce qui pourrait arriver dans une situation donnée ? Non, c'est impossible. Lire dans une enveloppe fermée ? Pas plus. Obtenir des réponses à nos questions en choisissant des cartes ou en lançant des pièces de monnaie au hasard ? Au pays de Descartes et des Lumières, ce n'est certes pas envisageable.

Malgré tout, nombreux sont ceux qui se déclarent médiums ou voyants. Plus nombreux encore, bien sûr, ceux qui les consultent. Sans compter tous ceux qui, pour eux-mêmes ou pour leurs proches, « tirent les tarots », utilisent le Yi Jing ou les runes ; y compris des gens cultivés, intégrés,

« raisonnables », managers d'entreprise, hommes politiques, médecins, avocats, écrivains ou thérapeutes. Et pourtant, officiellement, la voyance n'a aucun droit de cité. Sujet réputé sulfureux, elle suscite facilement l'ironie, le mépris, quand ce n'est pas la colère de ceux pour qui il ne saurait s'agir que de superstition, de bêtise ou d'escroquerie. Même ceux qui l'utilisent ne peuvent, ou ne veulent, le plus souvent pas se poser vraiment la question de savoir si c'est possible et comment cela pourrait l'être. Quant à ceux qui la pratiquent, beaucoup ne semblent pas en savoir tellement plus, se contentant de constater des perceptions, de les confier à Dieu ou de s'en attribuer la grâce. Ainsi, la voyance tout à la fois existe… et n'existe pas.

La voyance est donc un sujet paradoxal et c'est ce qui fait sa difficulté et en même temps son intérêt. Difficulté parce qu'il devient délicat d'aborder sereinement, sans parti pris, la question de ce qu'est ou n'est pas la voyance, face à tant de croyances aveugles et de refus qui le sont tout autant. Intérêt parce que la question que pose l'existence même d'une telle faculté est pourtant cruciale. Soit la faculté de voyance, le talent, le « don », le pouvoir correspondant n'a d'autre existence que mythique ou fantasmatique, et cette convergence de curiosité, de pratiques et de témoignages – tout de même étonnante – mérite autre chose que des explications paresseuses (crédulité, manipulation, résurgence de l'irrationnel…). Soit elle correspond bien à une réalité, même partielle, même limitée, même si nous ne savons pas en rendre compte. Et cette réalité aurait donc un sens, qui pourrait questionner profondément notre vision du monde.

N'importe quel fait de voyance avéré met, ou mettrait, en effet radicalement en question la perception que nous avons de nous-mêmes, de l'espace et du temps. Même si, bien sûr, le caractère mal défini d'une faculté sans existence légale peut aussi ouvrir la porte à toutes les erreurs, à toutes les dérives et à tous les charlatans.

C'est ce paradoxe durable, l'importance de la question et le silence qui entoure encore trop largement les réponses potentielles qui nous ont conduits à écrire cet ouvrage. Ensemble. Deux professionnels de la communication : un consultant diplômé d'une grande école, curieux depuis longtemps des questions divinatoires, et une ex-manager d'agence, réputée intuitive, devenue voyante dans le cadre d'un enseignement spirituel. Pour partager, avec vous, plus de dix ans d'investigations concrètes, d'expériences vécues, de pratiques, d'enseignements, de témoignages, de questions et d'hypothèses. Mais aussi pour faire le point, de façon aussi détachée et aussi impartiale que possible, sur la réalité potentielle des phénomènes de voyance, leurs significations, leurs usages et leurs implications.

Cet ouvrage s'adresse ainsi à tous ceux qui acceptent l'idée que quelque chose est possible. Il ne prétend pas faire le tour d'une question aussi vaste et aussi complexe, même si nous tenterons de la cerner au mieux. Il ne prétend pas expliquer ce dont personne n'est encore capable, même si nous évoquerons quelques hypothèses. Il ne prétend pas non plus convaincre ceux pour qui une telle faculté n'existe pas et ne saurait exister, car les éléments que nous verserons au dossier – même si nous en garantissons formellement l'absolue véracité – ne reposeront tous, au final, que sur notre seule parole. Mais il aimerait vous soumettre des faits et les questions que ceux-ci posent. Parce que nous avons la conviction profonde, l'un et l'autre, que les interrogations que suscite la voyance sont des interrogations importantes. Non pas en soi bien sûr… Savoir si consulter un voyant a ou non du sens est au fond une question secondaire, même si elle concerne tous les jours au moins quelques milliers de personnes. En revanche, savoir de quoi l'esprit humain est capable, la façon dont nous sommes ou non reliés les uns aux autres ou ce qu'il en est de l'avenir, mérite tout de même que l'on s'interroge un peu.

Pour nous, la voyance est ainsi une porte ouverte – très simple, très concrète, très étonnante en même temps – sur un questionnement essentiel. C'est par cette porte, et si vous le permettez, que nous aimerions vous faire passer aujourd'hui…

Didier Goutman et Joëlle Portalié

Introduction

Définitions, précisions, avertissements

Le champ d'investigation

Précision préalable importante, cet ouvrage est uniquement consacré à la voyance, à l'exclusion de tout autre phénomène, pouvoir ou faculté. Toutefois, dans un univers encore très flou où aucune définition ne va vraiment de soi, force est de reconnaître que le terme « voyance » lui-même n'a pour personne une signification très claire ni très homogène. Ce qui suppose donc que nous définissions déjà ce qu'est pour nous la voyance, de quels types de faits ou d'expériences nous allons traiter, et quel sens nous donnons aux différents mots que nous allons utiliser ici. Ce sera aussi l'occasion de réfléchir à ce que les mots employés dans notre langue disent de notre compréhension collective du phénomène, et comment d'autres cultures que la nôtre l'évoquent de leur côté.

Définitions

Sans trop dévoiler ce qui est au fond l'objet de cet ouvrage tout entier, il convient ainsi de préciser que nous envisageons la « voyance » comme « une faculté de perception extra-sensorielle permettant de capter directement des informations justes, dans l'espace et dans le temps ».

Le terme « faculté », au sens décrit par Le Petit Robert, décrit bien en effet une « fonction spécifique de l'être, considérée comme constituant un pouvoir spécial de faire ou de subir un certain genre d'action : les facultés de l'âme, la faculté cognitive de l'être humain », et plus simplement « une aptitude, une capacité ». « Perception » parle directement d'une capacité à connaître, au même titre que l'intuition ou la sensation. « Extra-sensorielle » évoque une capacité de voir, d'entendre ou de ressentir qui ne passe par aucun des cinq sens ordinaires. « Capter directement » fait référence à la faculté d'un voyant d'accéder directement à l'information nécessaire, sans préalables, sans questions, sans artifices, et pour nombre d'entre eux sans support d'aucune sorte. « Des informations justes » évoque la capacité d'un voyant à livrer des informations précises, de façon incontestable et pas seulement de manière vague ou sujette à interprétation. « Dans l'espace » traite de la capacité d'un voyant à capter des informations sur des gens, des lieux, des situations parfois très éloignés, auxquels il n'a aucun accès apparent. « Dans le temps » parle du passé, du présent, mais aussi du futur, sous d'évidentes réserves, cependant, que nous envisagerons plus loin.

Tel que nous le définissons, le terme « voyance » regroupe ainsi des facultés définies de façon parfois plus précise comme « clairaudience », « clairvoyance » ou « précognition », en fonction notamment de la façon dont elles se manifestent.

Définitions, précisions, avertissements

Même si le terme « médium » est souvent synonyme de « voyant », et que nombre de voyants sont l'un et l'autre, nous distinguerons cependant la voyance de la médiumnité en réservant ici le mot « médiumnité » à ce qui relève de la communication avec l'esprit des morts.

Nous éviterons, dans la mesure du possible, le terme « pouvoirs psi », même s'il fait partie des termes utilisés dans l'univers de ceux qui s'intéressent à la voyance. D'abord parce qu'il parle de « pouvoirs », et connote ainsi la question d'une façon contestable. Ensuite parce que le terme « psi », qui viendrait de l'anglais *psychic*, crée une confusion entre psychologie et voyance. Enfin parce que l'appellation « pouvoirs psi » regroupe également d'autres facultés dont nous ne traiterons pas ici, comme la télékinésie (capacité supposée de déplacer des objets à distance) ou la télépathie (définie comme la capacité à percevoir ou à transmettre des pensées). Bien que des voyants puissent manifestement être également télépathes et qu'un voyant puisse souvent donner l'impression de lire dans les pensées de la personne qui est en face de lui, la voyance est en effet clairement une faculté différente de la télépathie, ne serait-ce que parce qu'elle capte des informations qui ne sont en rien des pensées de l'autre ; nous y reviendrons ultérieurement de façon plus détaillée.

Plus délicate est la distinction entre « voyance » et « intuition ». Définie officiellement par Le Petit Robert comme « forme de connaissance immédiate qui ne recourt pas au raisonnement », mais aussi comme « sentiment plus ou moins précis de ce qu'on ne peut pas vérifier, ou de ce qui n'existe pas encore », présentée par Jung comme une fonction de perception opposée à la sensation, donc sans recours à la matière concrète, l'intuition présente en effet avec la voyance de vraies affinités. Même si le mot a dans le vocabulaire courant une acception assez vague et désigne généralement une capacité sans rapport direct avec le type d'expériences de voyance que nous allons décrire et commenter, nous supposerions volontiers que la voyance est, au fond, une forme poussée d'intuition. Il n'y a sans doute pas de vraie différence de nature entre les deux fonctions, bien que l'une fasse partie de notre paysage ordinaire et pas l'autre.

Enfin, sur un plan un peu différent, nous regrouperons sous le terme « arts divinatoires » l'ensemble des supports de voyance organisés, leurs significations et leurs pratiques : Yi Jing, tarots, runes, de même que les diverses mancies : géomancie, chiromancie, molybdomancie (technique de divination par le plomb fondu)…, distinguant ainsi clairement les supports couramment utilisés, les cultures dont ils sont issus et la littérature qui les accompagne, de la faculté de voyance elle-même.

Il est clair que toutes ces définitions sont contestables. Mais elles n'ont ici pas d'autre objet que de préciser les termes que nous allons utiliser et le sens que nous leur donnons, quel que soit le flou qui environne trop souvent les champs d'expérience correspondants.

Territoires

Les expériences dont nous traiterons ici s'inscrivent donc globalement dans deux catégories majeures :

- d'une part, des expériences conduites avec et par un voyant, dans le cadre d'une consultation classique ou de n'importe quelle occasion de rencontre, de test ou d'expérimentation, qu'elles portent sur des questions très simples ou très complexes, personnelles ou professionnelles, du passé, du présent ou du futur. Il s'agit là de voyance, au sens habituel du terme ;

- d'autre part, des expériences vécues en direct par un individu « ordinaire » (au sens où il n'a jamais démontré de capacités de voyance particulière), soit dans un cadre quotidien spontané, soit dans le cadre de la pratique d'arts divinatoires. Nous parlerons alors de « voyance pour soi », qu'il s'agisse de rencontrer « par hasard » la personne à qui l'on vient justement de penser il y a deux minutes ou d'obtenir une réponse précise, qui manifestement nous concerne directement, en tirant les cartes ou en ouvrant la Bible « au hasard »…

Voyance ou « voyance pour soi », toutes ces expériences ont bien en commun – au moins en première intention – de capter directement des informations exactes, mais d'une façon « extra-sensorielle » et « extra-rationnelle », au sens où ni les cinq sens ni la raison ordinaire ne sont capables d'expliquer *a priori* comment une telle circulation d'information a été possible.

Étymologies et traductions

« Voyant », « voyance », « clairvoyance » viennent naturellement du verbe « voir ». Comme si la voyance permettait de voir, plus, mieux, autrement, au-delà. Le Petit Robert évoque d'ailleurs comme première définition du mot « voyant » une « personne douée de seconde vue ». On évoque aussi parfois un « sixième sens », ou encore un « troisième œil », pour évoquer le *chakra* – au centre du front – qui permettrait de décoder les informations captées.

De même, « intuition » parle aussi, selon son origine latine, de « regarder attentivement ».

Sur un plan différent, « médium » évoque plutôt un rôle de « canal », de « passage », d'autant que le mot français, dans le sens correspondant de « spirite », vient en fait de l'anglais. L'origine latine du mot évoque l'idée de « milieu ». Il est moins question ici de ce que l'on voit que de la capacité de transmettre, d'être l'intermédiaire, le passeur, le milieu entre un monde et un autre, un esprit et un vivant.

« Divination », « divinatoire » auraient pour origine le latin *divinatio*, qui parle de deviner, donc de prévoir sans qu'on sache clairement comment. À noter que, contrairement à une idée parfois répandue, le mot « divination » n'a pas de lien direct exclusif avec l'idée de divin et de divinités, pas plus qu'il ne parle nécessairement de lire le futur. Lire le présent par intuition est déjà divination.

Voir plus, plus attentivement, être canal, deviner sans outils apparents pour y parvenir dessinent ainsi en français le territoire – au fond réaliste – d'une première représentation linguistique des phénomènes de voyance. Alors que, dans le même temps, la maladresse et l'approximation des définitions officielles disent aussi la gêne de l'Académie devant des phénomènes que le monde savant répugne à considérer vraiment. Un voyant ? « Une personne douée de seconde vue » (certes…), ou encore une « personne qui fait métier de lire le passé et prédire l'avenir par divers moyens » (à ce compte, un météorologiste et un historien sont aussi voyants). La divination ? « L'action de découvrir ce qui est caché par des moyens qui ne relèvent pas d'une connaissance naturelle. » Comme si la capacité d'un voyant à s'asseoir en face de vous et à lire ce qui vous préoccupe,

DÉFINITIONS, PRÉCISIONS, AVERTISSEMENTS

sans autre support que ses propres facultés... naturelles, était pourtant moins naturelle que l'action d'un scientifique disposant d'un appareillage sophistiqué. Étrange définition, qui dit bien cependant la difficulté que nous avons tous à parler collectivement des phénomènes qui échappent aux cadres de nos raisonnements ordinaires.

Si l'on s'intéresse aux langues étrangères, les plus proches de nous utilisent plutôt des termes similaires, construits de façon globalement identique. Pour désigner une voyante, l'allemand utilise ainsi le terme *Seherin*, construit à partir du verbe *sehen* (voir), comme en français, même s'il peut utiliser aussi le mot *Wahrsager* pour parler de « celui qui dit vrai ». Pour évoquer la voyance, l'anglais utilise le mot « clairvoyance »... c'est-à-dire le mot français lui-même. L'italien et l'espagnol construisent aussi leur propre vocabulaire sur des bases proches des nôtres, à partir de l'idée de « vision » (en espagnol, la voyance *videncia* et le voyant *vidente* viennent du latin *videre* ; en italien, *veggenza* et *vedente*).

À l'inverse, Chinois et Japonais ont une tout autre approche de la faculté correspondante, dessinant un Orient plus ouvert que l'Occident à la voyance, percevant et acceptant mieux l'existence potentielle des phénomènes correspondants. Le dictionnaire français-japonais *Robert-Shogakukan* donne ainsi deux termes pour traduire en japonais le mot « voyance » :

- 千里眼 « L'œil de mille li » (la vieille unité de mesure chinoise équivalant à 3,6 ou 4,2 kilomètres), ou « capacité à connaître ce qui se passe en des lieux éloignés, dans le futur, ou encore ce qu'il y a dans le cœur des hommes » ;

- 透視能力 « Capacité de voir à travers ». Les définitions de 透視 sont le fait de « regarder à travers les choses (plus loin que l'apparence, plonger au cœur) », mais aussi « les rayons X », ou encore, « en parapsychologie, la capacité de voir par des sens inconnus des choses que l'on ne peut pas voir habituellement ».

Et quand je demande à une amie chinoise, cantonaise et heureusement bilingue, comment elle traduirait le mot « voyance » dans sa propre langue, elle le traduit aussitôt par quatre idéogrammes qui, littéralement, disent à peu près : « avant savoir pas encore advenu ». C'est-à-dire la capacité à savoir à l'avance ce qui n'est pas encore arrivé. Ces définitions sont autrement complexes que les nôtres ; il reste à (sa)voir si elles ont effectivement un sens concret...

Avertissement préalable

La voyance est un sujet flou, mal défini, mal repéré. C'est aussi un sujet de polémique, partagé entre fascination et rejet, méfiance et curiosité. C'est pourquoi, avant de rentrer dans le vif du sujet, il nous semble important de préciser très clairement non seulement de quoi nous parlons et pourquoi nous en traitons, mais aussi d'où nous écrivons, avec quels matériaux, avec quelle légitimité, avec quelles limites aussi...

Comme nous l'avons rapidement évoqué dans l'avant-propos, le présent ouvrage est ainsi le fruit de dix années d'une double démarche expérimentale :

- celle de Joëlle Portalié, dans la reconnaissance, la compréhension, le développement, la mise en pratique, « l'actualisation » d'une faculté de voyance concrète ;

Définitions, précisions, avertissements

- celle de Didier Goutman, dans la collecte et l'étude de faits de voyance au travers d'expériences directes et de témoignages, la recherche de leur véracité, de leur utilité, de leur signification.

Pendant dix ans, Joëlle s'est ainsi formée à la voyance – même si l'expression peut sembler étrange, elle est pourtant juste, nous en reparlerons – dans le cadre d'un enseignement spirituel. Elle a ainsi appris à reconnaître les informations de voyance, à les décoder, à les interpréter, à leur faire confiance, à les utiliser positivement, pour les autres et pour elle-même. Dans ce cadre, elle s'est livrée à de très nombreuses expériences, seule, à deux, en groupe et même en public. Elle a ainsi inspiré directement une part importante des contenus de cet ouvrage.

Pendant dix ans, Didier a mené – pour le seul plaisir de la curiosité – un vrai travail d'investigation – quasi journalistique – autour des questions de voyance et d'arts divinatoires (Yi Jing notamment), avec pour objectif de comprendre ce qui était vrai, ce qui était possible, l'usage que nous pouvions en faire, les questions que ces expériences nous posaient. Il a multiplié les consultations, les tests, les tirages, les lectures, les interviews. C'est lui qui tient la plume pour en rendre compte et vous en faire part.

Ce que nous vous livrons aujourd'hui est le produit de ce double travail, précis, concret, systématique, à la fois d'expérience et de réflexion. Bien sûr, ce n'est aussi que le produit de ce travail. Vous n'y trouverez donc ni étude générale sur le phénomène ni spéculations sophistiquées sur ses origines.

Ce que nous vous certifions en revanche par écrit et sur l'honneur, c'est que tous les faits évoqués dans cet ouvrage sont vrais, absolument vrais, rigoureusement vrais. Si étonnants, si improbables, si difficiles à interpréter soient-ils, nous pouvons vous assurer qu'ils ont bien eu lieu, tous, précisément tels qu'ils sont décrits ici. Pour le reste, c'est à vous de vous faire une opinion…

Structure de l'ouvrage

Voyance, et si c'était vrai ? est construit en trois parties : réalité, usages et questions clés.

La première partie aborde ainsi de façon directe la question de la réalité de la voyance. Elle parle des doutes que nous portons tous vis-à-vis d'une faculté controversée, des raisons – rationnelles ou non – qui motivent ces doutes, mais aussi des faits qui leur échappent. Nous vous y livrons ainsi un certain nombre d'exemples simples qui, pour nous, résistent à toute analyse critique et contribuent à établir de façon expérimentale la réalité même de la voyance.

Une fois posée la réalité du phénomène, la seconde partie traite des usages possibles de la voyance. Si cette capacité existe, quel usage pouvons-nous en faire, et pourquoi ? Dans quels domaines ? Pour quels bénéfices ? Avec quelles limites ? En nous gardant de quelles dérives ? À partir de très nombreux témoignages, tests et expériences, nous tenterons ainsi de clarifier ce qu'est et ce que n'est pas la faculté de voyance, les services qu'elle peut rendre et ceux que nous ne pouvons pas lui demander.

Enfin, la troisième partie évoque les questions – délicates, complexes, ardues – que nous pose la réalité de la voyance. Car si cette capacité existe, puisqu'elle existe, c'est donc que l'être humain en est capable. Sommes-nous donc tous voyants ? Pourquoi certains le seraient-ils, et pas les autres ? Et si un voyant est capable de capter des informations dans l'espace et dans le temps, c'est donc que l'information est disponible quelque part et qu'elle nous est accessible. Mais comment est-ce possible ? Il ne sera pas question ici, bien sûr, de prétendre apporter des réponses définitives à des questions aussi fondamentales, mais seulement de tenter de mieux cerner les questions concrètes que la réalité de la voyance implique. Et de suggérer en retour quelques hypothèses de réponse, issues des traditions orientales comme des sciences les plus contemporaines…

Chapitre 1

Mythe ou réalité ?

Des faits qui résistent...

La question de la voyance se pose toujours d'abord en termes de preuves. Aborder le sujet – quel que soit le contexte –, c'est en effet affronter très vite objections, suspicions, sinon tentatives de réduction. Objections rationnelles ou rationalisantes, effectivement acceptables dans de nombreux cas. Suspicions logiques et légitimes de fraude ou d'autosuggestion. Tentatives de réduction à des formes classiques d'intuitions, voire à des manipulations mentales. Si la voyance n'existe pas, puisqu'elle n'existe pas, il faut bien qu'il y ait des explications alternatives.

Et c'est vrai, toutes les expériences de voyance sont loin d'être convaincantes. De nombreux voyants autoproclamés ne voient sans doute pas grand-chose, quoi qu'ils prétendent. De nombreuses affirmations de voyance sont largement sujettes à interprétation. De même que beaucoup de prédictions, y compris de voyants avérés, seront fausses.

Seulement voilà, ce qui fait le sujet et la raison d'être de cet ouvrage, c'est que de très nombreux faits de voyance résistent néanmoins à toutes ces objections : des faits qui ne souffrent aucune interprétation tant ils sont simples, directs et concrets ; des expériences qui ne sont en aucune façon réductibles à des formes – même subtiles – d'intuition ou d'influence. Et qui pourtant ont lieu. C'est là que naît un vrai sujet, autour de vraies questions.

En voici donc quelques exemples, issus directement de nos propres expériences et exacts dans leurs moindres détails. Rien de spectaculaire, rien d'important en soi, parfois même rien d'utile au fond, seulement des faits têtus, normalement improbables et pourtant profondément réels :

- Juillet 2008 : à titre de curiosité et d'expérience, je consulte un voyant français réputé. Il s'appelle Guy Angéli et officie dans le XVIe arrondissement de Paris. Je ne le connais pas, il ne me connaît pas et nous ne connaissons personne en commun. Il me reçoit très chaleureusement. Nous parlons de la pluie (qui tombe à verse) et du beau temps qui ne manquera pas de lui succéder, mais n'évoquons rien de personnel. Je m'installe en face de lui. Il me demande simplement ma date, mon heure et mon lieu de naissance, calcule mon signe solaire et mon ascendant. Puis, sans me poser aucune autre question, sans chercher aucun assentiment, sans même me regarder – son regard est fixé sur un point à côté de moi –, très vite, sans me laisser parler, en faisant lui-même les questions et les réponses, il commence à me parler de mon activité professionnelle. Il cherche d'abord à la situer, m'imagine rapidement « consultant », après quelques hésitations me voit « travailler seul », devine la forme juridique de mon activité (« une SARL, non plutôt une EURL »), décrit mon lieu de travail (« une grande pièce, lumineuse, ah oui, vous devez travailler chez vous, et puis il y a deux statues, ne les vendez pas surtout, elles vous protègent ») et, après quelques détails complémentaires – tous exacts –, finit ce petit exposé introductif en me disant : « C'est bizarre, j'ai le mot "clarté" sur vous en permanence... » Effectivement, puisque je suis consultant en communication et que la société que j'ai fondée pour abriter mes activités indépendantes – une EURL – s'appelle simplement... Clartés. Précision supplémentaire pour les plus sceptiques : aucune de ces informations n'est facilement disponible, car mon activité n'est pas référencée sur Internet. Et il y a bien deux statues en bois face à moi quand je travaille : un bouddha du Siam et un abbé médiéval...

- Février 2009 : les quarts de finale de la Coupe de la Ligue de football ont eu lieu la veille. Par jeu, je demande à Joëlle ce qu'elle imagine comme résultats pour les demi-finales, puisque les deux matchs sont désormais connus (l'un opposera Nice à Vannes, l'autre Bordeaux au Paris Saint-Germain). Joëlle ne connaît absolument rien au football (c'est à peine si le nom de Zidane lui évoque un footballeur, elle ne distingue pas Lyon de Châteauroux, ni Marseille de Sedan). Pourtant, son pronostic tombe aussitôt, clair, précis, limpide : PSG-Bordeaux, un match *a priori* équilibré ? « Bordeaux, sans hésitation, ils sont plus forts techniquement. » Nice-Vannes, un match au contraire *a priori* déséquilibré entre un club de Ligue 1 et un club de Ligue 2 (mais elle ne le sait pas...) : « C'est difficile à dire, c'est très serré, ça se jouera à très peu de choses, plutôt Vannes, quand même. » Résultat deux semaines plus tard : PSG : 0,

Bordeaux : 3. Nice : 1, Vannes : 1, Vannes qualifié aux tirs au but.

- Automne 2002 : Joëlle commence à déployer de premiers talents de voyance. Un samedi soir, nous sommes en voiture dans Paris et nous allons au théâtre ; le théâtre du Lucernaire, rue Notre-Dame-des-Champs pour ceux qui connaissent la capitale. Joëlle me demande : « Est-ce que nous arriverons à temps ? » Je regarde ma montre et lui réponds aussitôt : « Oui, à condition de ne pas mettre trop de temps à trouver une place. » Et de penser en moi-même : une place pas trop interdite, parce qu'une place autorisée, nous savons très bien l'un et l'autre qu'il n'y en aura jamais. Sauf que ce soir-là, Joëlle me dit : « Ce n'est pas un problème, il y a une place devant le théâtre. » Je lui réponds du tac au tac quelque chose comme : « C'est ça, et moi je suis l'archevêque de Rome » (désormais, je suis plus prudent), tellement cela me paraît improbable, et tellement cet optimisme béat ne lui ressemble pas. Mais force fut de constater quand nous arrivâmes que la place devant l'entrée du Lucernaire était effectivement libre.

- Mai 2001 : une émission de télévision, comme il y en aura plusieurs. On emmène Maud Kristen – l'une des voyantes françaises les plus connues et l'une des très rares à avoir accepté de se prêter à de vraies expériences en direct –, les yeux bandés, dans un lieu qu'elle ne connaît pas et dont on ne lui dit rien. On lui demande de parler du lieu, de ce qu'il lui évoque. Elle décrit de façon détaillée une ambiance de « velours rouge », des « gens qui applaudissent », du « rire » et en même temps « quelque chose d'un peu tragique », probablement « une histoire de théâtre qui s'est mal finie ». Effectivement, nous sommes dans le IXe arrondissement de Paris, dans un immeuble construit à l'emplacement qu'occupait... le cirque Médrano avant sa destruction[1].

- Durant l'année 2003, j'ai un rendez-vous professionnel en fin d'après-midi avec quelqu'un que je ne connais pas. Il s'agit d'une relation d'un de mes clients ; je connais seulement son nom de famille, son titre, son entreprise et la raison pour laquelle je dois le rencontrer, mais je ne l'ai jamais vu. À titre d'exercice, je demande le matin à Joëlle comment elle l'imagine. Elle me le décrit, en termes à la fois précis et peu communs. Il est ainsi « mince, très mince, dégingandé, l'air à la fois martial et ne sachant pas très bien quoi faire de son corps, très brun, les cheveux très courts, avec les yeux très bleus ». Une définition qui, vous en conviendrez, n'a rien d'ordinaire ni de passe-partout. À 17 heures, je vois l'homme entrer en salle de réunion. C'est lui, sans aucun doute, et dans les moindres détails : les yeux très bleus, les cheveux noirs, très courts, l'air militaire et maladroit en même temps...

- À la même période, j'anime un séminaire d'une journée pour une banque étrangère. Ce séminaire est important pour moi, et plutôt difficile *a priori*, mais tout se passe bien d'emblée. Lors de la première pause, j'ouvre mon portable et je reçois ce SMS de Joëlle : « Il y a une femme dans ton groupe et c'est la seule qui ne participe pas. » Il n'y a effectivement que deux femmes dans la salle : l'une est ma cliente et anime le séminaire avec moi ; l'autre, arrivée en retard, ne desserrera pas les lèvres de toute la journée. Et ce sera bien la seule de tout un groupe d'une

---

[1]. Le détail de cette expérience figure en pages 279 à 282 de *Ma vie et l'invisible*, de Maud Kristen, paru aux Presses du Châtelet.

douzaine de cadres dirigeants à ne pas participer positivement…

- Il y a deux ans, un matin assez tôt, je me rends en voiture chez l'un de mes clients réguliers. Je conduis de façon presque automatique, en empruntant toujours le même parcours. À un carrefour, instinctivement et de façon pour moi complètement inhabituelle, je mets pourtant mon clignotant et commence à tourner à droite alors que je prends d'habitude toujours la rue en face pour continuer tout droit, sur un itinéraire généralement beaucoup moins chargé que celui que je m'apprête à emprunter ce matin-là. Prenant soudain conscience de ce mouvement au fond involontaire et me demandant « mais pourquoi veux-tu aller ainsi à droite ? », je contrarie mon mouvement spontané, éteins mon clignotant, redresse ma trajectoire et continue tout droit comme j'en ai l'habitude. J'ai effectué ce parcours à plusieurs centaines d'occasions. C'est la seule et unique fois qu'un tel événement s'est produit. C'est aussi la seule et unique fois… que tout était bloqué sur mon parcours habituel, quelques centaines de mètres plus loin. Doublement étonné de cet encombrement inhabituel, je fis alors demi-tour, pour suivre mon premier mouvement. Tout était fluide sur ce parcours traditionnellement encombré. Comme si quelque chose en moi avait su, avant moi, malgré moi…

- Début 2009 : à titre d'expérience, l'un de mes amis se rend à son tour chez Guy Angéli. Celui-ci lui décrit notamment son appartement avec beaucoup de précision, mais surtout l'étonne en lui parlant avec insistance « d'humidité », comme si son appartement y était particulièrement sujet. Or, son appartement n'est pas humide, il est même au contraire très sec et il n'y a jamais eu de fuite chez lui. Il ne voit donc pas de quoi il parle. Pourtant, quelques jours plus tard seulement, force lui sera de constater que les mots de Guy Angéli avaient bien un sens précis, concret et incontestable : pour la première fois depuis qu'il l'occupe, son appartement est l'objet d'un dégât des eaux important…

- Fin 2002 : j'achète aux enchères un objet d'art premier, une tête en bois érodée. Sans rien lui en dire d'autre, je le mets dans les mains de Joëlle pour qu'elle me parle de ce qu'elle ressent au sujet de cet objet. Très vite, et à sa propre surprise, elle voit de l'eau, beaucoup d'eau, de l'eau qui file devant elle. C'est logique, même si elle ne peut pas encore le savoir. Il s'agit en effet… d'une tête de pirogue, une tête sculptée qui se trouvait à la proue d'un bateau dans l'océan Indien.

- 2004 : en consultation chez Maud Kristen, je cite le prénom de quelqu'un que je viens de rencontrer. Sans support, et notamment sans photo, Maud m'en fait alors une description physique extrêmement précise. Puis elle me parle de sa famille, de son père et de leur relation. Elle s'interrompt alors brusquement : « Il est gravement malade, non ? » Oui, effectivement. « Il s'agit d'un cancer ? » C'est vrai. « De l'estomac ? » C'est encore exact ; il en mourra d'ailleurs quelques mois plus tard…

- 2006 : j'évoque devant Joëlle le nom d'un de mes amis qu'elle ne connaît pas. Celle-ci voit aussitôt « la musique sur lui », comme si la musique avait pour lui une importance particulière. Et c'est vrai, la musique a beaucoup d'importance pour lui, même si ce n'est en rien son métier ; c'est un pianiste amateur de très bon niveau et il a acheté un grand appartement pour pouvoir y loger un grand piano en plein milieu. Surtout, Joëlle voit sur lui le mot « Pleyel », mais ne sait pas à quoi l'attribuer. Elle me demande s'il a déjà joué salle Pleyel. Non, bien sûr. Je réalise alors que Pleyel est aussi une marque de pianos et j'appelle mon ami pour vérifier. Oui, son piano est bien un Pleyel.

- Mars 2005 : je m'apprête à partir au bord de la mer, à 250 kilomètres de Paris, quand je réalise que Joëlle – à qui j'ai prêté ma voiture la veille – a oublié de me rendre les papiers. Je l'appelle et lui demande si j'en ai vraiment besoin. Après avoir hésité une seconde, elle me répond : « Je crois que oui. » Je fais donc un détour jusque chez elle pour les récupérer avant de prendre la route. Logiquement, j'imagine un contrôle de gendarmerie et je fais donc plus attention que d'habitude. En réalité, je vais tomber en panne une fois arrivé à destination… et j'aurai bien besoin de mes papiers pour appeler l'assistance et faire dépanner mon véhicule. Mais l'histoire ne s'arrête pas là… Une semaine plus tard, je récupère la voiture réparée. J'en profite pour demander à Joëlle si la réparation a été correctement effectuée. Sans hésitation cette fois, elle me répond : « Non, tu vas retomber en panne. » Je ramène donc ma voiture chez mon concessionnaire habituel, qui examine la réparation mais ne constate rien d'anormal. Pourtant, six mois plus tard, la pièce remplacée – une pompe à eau, en l'occurrence – aura cassé et la voiture sera de nouveau immobilisée…

Des faits comme ceux-là, nous en avons choisi douze pour commencer, mais nous pourrions en citer dix ou vingt fois plus et nous en évoquerons d'ailleurs beaucoup d'autres. Ces faits, tous ces faits, sont dérangeants. Ils sont dérangeants parce qu'ils sont précis, simples, concrets, qu'ils ne relèvent d'aucune interprétation psychologique, d'aucune influence, d'aucune prédiction vague et englobante, d'aucune intuition possible, d'aucun mentalisme. Ils sont dérangeants parce qu'ils remettent ainsi en question les limites de ce que nous croyons collectivement possible et impossible. Et ils sont surtout dérangeants parce qu'ils sont récurrents. Nous sommes ainsi nombreux à pouvoir en rapporter, voyants et consultants (au sens de clients « venus consulter »), mais pas seulement. Car ils peuvent avoir lieu lors de consultations ou d'expériences spécifiques, mais aussi se produire à l'improviste, comme ça, chez vous, dans la rue. Et pas seulement si vous êtes « officiellement » voyant. Il y a peu de temps, j'ai entendu très nettement le téléphone sonner chez moi trente secondes avant qu'effectivement, il n'ait commencé à sonner. Et cela vous est aussi peut-être déjà arrivé ? Comme nous avons tous déjà pensé à quelqu'un que nous n'avions pas vu depuis longtemps et qui justement se matérialise à ce moment-là, pour ne citer que l'exemple le plus simple et sans doute le plus courant. Ne convient-il donc pas de s'interroger sur ce qui est à l'œuvre ? Allons-nous continuer de faire comme si tous ces faits n'existaient pas, faute d'être seulement capables d'en rendre compte ?

Envies, réticences, conflits et paradoxes

Si jamais vous abordez la question de la voyance dans un dîner en ville – je viens encore d'en faire l'expérience juste avant d'écrire ces lignes –, vous allez le plus souvent vous trouver confronté en parallèle à trois réactions contradictoires : curiosité tout d'abord, plus ou moins ouverte, réticences ensuite, plus ou moins affirmées, peurs enfin, plus ou moins avouées. Réactions qui disent bien la place ambiguë que tient la voyance dans notre univers au quotidien. Si la voyance ne laisse personne indifférent, rares sont ceux qui parviennent en effet à y réfléchir de façon sereine et posée...

Envies

Qu'on le veuille ou non, la voyance suscite une vraie curiosité. Articles fréquents dans la presse, émissions de télévision plus ou moins sceptiques, émissions régulières de voyance en direct à la radio, conférences et séances publiques de voyance, à Paris comme en province – dont certaines font salle comble – témoignent d'un intérêt évident pour ce sujet controversé. Sans compter les nombreuses publications, cours et conférences concernant les arts divinatoires, et notamment le tarot de Marseille. Et sans même parler de l'astrologie – sujet pour nous radicalement différent, posant d'autres questions sur d'autres bases d'expériences – qu'il est cependant généralement de bon ton d'inclure dans le grand fourre-tout ordinaire du « paranormal ».

Surtout, au-delà d'une curiosité plus ou moins motivée, la voyance génère une véritable pratique. Il est impossible de dire combien de voyants exercent aujourd'hui en France dans le cadre d'une pratique rémunérée, ne serait-ce que parce qu'il faudrait déjà s'entendre sur le terme « voyant » lui-même. Et aussi parce que de nombreux voyants avérés n'en font pas un métier, tandis que d'autres se déclarent médiums ou tarologues sans que leurs facultés soient très marquées. De rares études, dont nous ne saurions garantir la validité, font état de chiffres pas toujours homogènes, mais il est probable qu'ils sont au moins plusieurs milliers aujourd'hui en France à pouvoir se dire voyants et à en vivre plus ou moins. Il est également impossible d'évaluer le nombre de consultations correspondant, mais on peut imaginer *a minima* plusieurs centaines de milliers de consultations en face à face par an. Sans compter les salons de voyance, le marché apparemment lucratif de la voyance par téléphone, les innombrables sites Internet de consultations et d'informations et le marché considérable qu'ils représentent également. Sans compter les questions posées au quotidien à des amis, des proches, des connaissances dont on sait, dont on pense, dont on croit qu'ils ont le talent d'y répondre, gratuitement ou pour une rémunération symbolique. Sans compter les innombrables tirages de tarots, de runes ou de Yi Jing pratiqués tous les jours, seul, à deux, en groupe, pour rire, pour voir, ou sérieusement. Les actes de voyance – avérés ou non, accomplis ou non, honnêtes et crédibles ou non – représentent donc sans doute plusieurs millions de faits par an, et probablement beaucoup plus. Sans être nécessairement un phénomène de société, la voyance est malgré tout un phénomène tangible, moins confidentiel qu'il pourrait y paraître de loin. Et moins marginalisé aussi sur le plan social qu'on ne se plaît parfois à l'imaginer. S'il existe certes une voyance « populaire », où des hommes au chômage demandent quand ils vont retrouver un travail et des femmes seules quand elles vont rencontrer l'homme de leur vie, la voyance est loin de ne concerner que des gens de milieu modeste, que les élites se plaisent à imaginer naïfs et manipulables. Pour autant que nous puissions en juger au fil de l'ensemble des expériences dont nous avons été les témoins, la voyance concerne tous les sexes, tous les âges et toutes les classes sociales. Nous pouvons ainsi citer personnellement des avocats, des patrons de société, des acteurs connus, des hommes politiques, des artistes ou des managers d'entreprises multinationales qui consultent ou ont consulté des voyants, parfois de façon régulière. Des consultations qui ont pu tourner autour de la négociation de rachats d'entreprises ou de la préparation de fusions-acquisitions. On a même souvent murmuré avec insistance qu'un ancien président de la République française consultait régulièrement une astrologue, mais aussi une voyante très connue. Vraie ou fausse, cette affirmation dit bien, une fois encore, l'ambiguïté de la place de la voyance. Secret vaguement honteux ? Mal nécessaire ? Intrusion dérangeante de l'irrationnel au cœur même du pouvoir ? Lubie des grands de ce monde ? On le sait, mais on n'en parle pas. On le sait, mais, surtout, on n'en déduit rien…

Enfin, et même s'il est difficile d'établir des comparaisons dans le temps, il semble que la voyance tende à se banaliser, et à sortir justement de l'ombre un peu méprisante dans laquelle elle était maintenue jusqu'ici. Il y a en tout cas un signe important, et fortement symbolique au plan collectif, c'est la multiplication des voyants dans les fictions télévisées, aux États-Unis comme en France. Héros voyants comme dans *Dead Zone* ou *Medium* (inspiré qui plus est d'une expérience réelle aux États-Unis, celle d'une femme médium, assistante d'un procureur, qu'elle aidait à résoudre des affaires criminelles), profileuses aux capacités extra-sensorielles comme dans *Missing* aux États-Unis ou *Profilage* en France, sans parler des projets en cours d'écriture, le voyant se présente désormais à la télévision comme un nouveau type de héros. Après les héros positivistes, les héros d'action, policiers ou médecins, ceux qui combattent le mal ou la souffrance à la force de leurs biceps ou de leurs capacités de déduction, voici ceux qui lisent au-delà des apparences.

Après des héros mutants, aux super-pouvoirs venus de l'espace, voici des héros ordinaires aux facultés pourtant aussi inhabituelles. Comme si la voyance était « dans l'air du temps », comme me l'a affirmé récemment l'un des patrons d'une grande chaîne de télévision. Parce que la télévision a toujours besoin de nouveautés, diront les plus sceptiques, et que le voyant offre de nouvelles possibilités dramatiques encore largement inexploitées ? Parce que, dans un monde toujours plus ouvert et plus incertain, où nous avons de plus en plus de décisions à prendre, la voyance représente une capacité de conseil et d'orientation d'autant plus attirante ? Ou parce que la faillite des modèles rationnels, leur incapacité à prévoir les crises, et donc à nous rassurer, ouvre la porte à d'autres formes d'intelligence potentielles, plus ouvertes et plus intuitives ?

Réticences

Bien sûr, au-delà de la curiosité vient très vite la réticence. La voyance est une conviction pour quelques-uns – athées ou croyants, pratiquants ou consultants –, une question pour quelques autres, un sujet de curiosité vague pour beaucoup, un terrain de scepticisme et de résistances pour l'essentiel. Réticences rationnelles ou irrationnelles, méthodologiques ou culturelles se conjuguent ainsi pour défendre l'hypothèse toujours majoritaire que « ça ne doit pas exister », ou pas vraiment, ou pas clairement…

Les premières réticences sont ainsi toujours d'ordre rationnel, et elles sont légitimes. Dans un monde où la voyance n'a pas d'existence officielle, il est en effet logique de se méfier, en premier lieu des escrocs, des manipulateurs ou des prophètes autoproclamés. Il est facile de se déclarer voyant, c'est vrai, et cela peut être tentant pour certains :

une façon d'attirer l'attention sur soi, d'exprimer le sentiment de sa différence, de projeter ses peurs, de se sentir important ou bien sûr aussi de gagner de l'argent en exploitant la crédulité des plus fragiles. Et parfois dans un mélange complexe de vrais talents et de mauvaises manières, de motivations troubles et d'inspirations floues. Depuis toujours, manipulation et voyances font ainsi plus ou moins bon ménage, dans un échange plus équilibré qu'il n'y paraît, probablement entre envie de croire et besoin d'être vu, besoin d'être rassuré et sentiment de sa propre singularité, intuition partagée d'un ailleurs et envie commune d'échapper à la routine ordinaire.

Les réticences, ensuite, se font plus culturelles. Même s'il n'y a pas d'escroquerie ou de manipulation possible, même quand on sait pouvoir faire confiance à celui qui vous parle, la voyance n'est quand même « jamais prouvée ». Ce qui est vrai et faux. Faux parce que nombre de faits de voyance constituent des preuves en soi, si l'on veut bien les considérer avec attention. Vrai parce qu'effectivement, la voyance n'a encore fait l'objet d'aucune validation scientifique digne de ce nom. Mais l'objection est un piège en même temps. Pour préserver nos constructions intellectuelles usuelles, nous aimerions que les faits s'y inscrivent ou ne soient pas. Or les faits de voyance contredisent justement les fondements habituels de nos certitudes ordinaires. Nous aimerions donc, pour y croire sereinement, que la voyance nous offre les mêmes possibilités d'études scientifiques classiques que les phénomènes visibles et concrets dont nous avons l'habitude. Mais les faits de voyance – humains, interprétatifs, sans reproductibilité mécanique – sont justement d'une autre nature. Comme la voyance tend à contredire ainsi nos paradigmes, nous ne savons pas mener d'études et nous ne disposons donc pas de preuves susceptibles de nous convaincre collectivement. Pas de preuves, donc pas de confirmation. Pas de confirmation, donc un déni persistant. Un déni persistant, donc pas de possibilités d'études. Pas de possibilités d'études, donc pas de preuves et pas de validations, etc.

Quand pourtant, malgré leur caractère apparemment non scientifique, les expériences de voyance restent difficiles à dénier, les réticences collectives se font alors plus irrationnelles, autour de peurs et de questions de pouvoir. Peurs et pouvoir ont toujours fait bon ménage ; on le sait, le pouvoir rassure ou inquiète. Or, d'une certaine façon, la voyance est un pouvoir, ce qui la rend attirante et suspecte à la fois. On peut en effet lui prêter la capacité d'expliquer le monde, de prévoir le futur, de rendre compte du présent. Ainsi, à sa façon simple et directe, elle conteste au passage les pouvoirs intellectuels et spirituels en place. L'Église, la première, s'est ainsi beaucoup méfiée des voyants. Le futur n'appartient sans doute qu'à Dieu, et l'Église – à juste titre – s'est toujours méfiée des miracles. Mais elle se méfiait aussi de ceux qui prétendaient lui faire concurrence. Face à l'invisible, pouvait-il vraiment y avoir d'autres intercesseurs que les prêtres assermentés ? De même, la science positiviste s'est toujours beaucoup méfiée des voyants. Ne serait-ce que parce qu'elle avait besoin de terrains d'expérience très sûrs pour avancer sereinement sur son propre chemin, méthodique et rationnel. Mais peut-être aussi parce que le pouvoir scientifique au XIXe siècle, masculin, sensitif, cartésien, s'accommodait mal de la dimension féminine, réceptive, intuitive de la voyance et des phénomènes correspondants (beaucoup de voyants étaient, et sont encore, des femmes, et la voyance est « yin » par nature, mais nous y reviendrons). Même la psychiatrie et la voyance se méfient encore beaucoup l'une de l'autre aujourd'hui. Parce que la première a appris à douter de tous les discours, à sonder ce qu'ils cachent, à comprendre ce qu'ils expriment à leur insu. Mais aussi, sans doute, parce que la voyance tend à contredire ses représentations du monde, et notamment de l'inconscient. C'est ainsi la force et le drame de la voyance que de contester par nature toutes les constructions mentales auxquelles l'homme tient justement beaucoup ; surtout quand il a du pouvoir, et que ce pouvoir repose sur ces constructions mentales elles-mêmes…

En dernier recours, les réticences vis-à-vis de la voyance s'expriment de façon plus viscérale et plus directe. Quand j'ai épuisé les arguments rationnels, les arguments méthodologiques, les arguments d'autorité, et que pourtant les faits résistent toujours, quand je commence alors à douter de l'impossibilité rassurante de la voyance, alors reste souvent, trop souvent, la peur. Peur d'être lu, tout d'abord, donc d'être démasqué, que l'on puisse savoir ce que je cache, et peut-être surtout ce que je *me* cache ; ce qui renvoie aux masques que nous portons tous pour nous adapter au monde et aux autres. Peur d'être influencé ensuite, de ne plus être le même ; ce qui renvoie à l'indécision dont nous sommes tous porteurs. Peur du futur enfin, peur de savoir, peur que l'avenir soit écrit et qu'il ne soit pas rose ; ce qui renvoie aux angoisses naturelles vis-à-vis d'un futur par nature incertain, mais dont nous savons tous que la mort est la fin du voyage. Peurs humaines, banales, naturelles, mais aussi prégnantes, qui ne facilitent pas non plus l'appréhension juste du phénomène et donc sa compréhension potentielle.

Conflits et paradoxes

En France aujourd'hui, le monde est ainsi coupé en deux. Une pratique, des faits, des défenseurs, des témoignages d'un côté ; des peurs, des réticences, des résistances, des pourfendeurs de l'autre. D'une part une envie de croire, une curiosité, une utilité potentielle, des perceptions, des informations, de l'autre une envie de ne pas croire, des doutes, des objections, des refus. D'un côté des voyants, dont on ne sait pourquoi ils seraient tous escrocs ou mythomanes, des consultants souvent satisfaits, dont on ne sait pourquoi ils seraient tous crédules ou stupides, des individus ordinaires aux prises tous les jours avec d'étranges coïncidences, d'étonnantes prémonitions, dont on ne sait pourquoi ils seraient tous le jouet du hasard. De l'autre, pourtant, la grande majorité des scientifiques, des universitaires, des médecins, des intellectuels, mais aussi des journalistes – à quelques rares exceptions près –, rassemblés en un front globalement uni du scepticisme, parfois curieux et bienveillant, souvent ironique, quelquefois méprisant. Face à ce clivage, quelles sont donc les stratégies de nos contemporains ? Comment pense-t-on la voyance, ici et maintenant ?

Pour beaucoup, la stratégie la plus simple, la plus naturelle, la plus logique est encore l'indifférence. Il suffit de ne pas s'y confronter, de ne pas se poser la question, de laisser le monde tourner comme il en a l'habitude. Dans le doute, s'abstenir. Après tout, il n'est effectivement nul besoin d'être voyant pour prendre les décisions qui nous incombent, et nul besoin de se confronter à la voyance au quotidien dans un monde qui, globalement, s'est construit sans y avoir recours. De même, au fond, il n'est nul besoin de comprendre que c'est la Terre qui tourne autour du Soleil, pour bronzer agréablement sur une plage, ni même pour disposer d'une installation photovoltaïque sur le toit de son garage…

Pour certains, souvent plus concernés à un titre ou à un autre, l'indifférence laisse place au refus, voire au déni. La voyance peut en effet déranger, notamment ceux qui ont construit leur identité sur des convictions rationalistes très affirmées. Souvent de façon mesurée, parfois de façon extrême. Je n'ai ainsi vu que trois personnes devenir violentes lors de discussions sur des questions de voyance, mais ce n'est sans doute pas un hasard s'il s'agissait de trois universitaires. Le premier cas eut lieu lors d'une expérience publique, sur un plateau de télévision à l'occasion d'une confrontation polémique entre voyants et scientifiques. Celui qui s'est emporté était… prix Nobel de physique. Les deux autres cas correspondent à des expériences personnelles, lors de dîners pourtant amicaux. Ils sont professeurs d'université tous les deux, lui en biologie, elle en histoire. Mais pour eux trois, manifestement, la voyance était, ou devait être, impossible. Toute argumentation contraire était donc nécessairement le produit d'une forme de déviance ou de stupidité, et toute expérience contraire le produit d'une manipulation ou d'une escroquerie. Quand le rationalisme scientifique devient irrationnel en préférant le refus du réel à la remise en cause de la théorie ? Peut-être aussi parce que la voyance parle toujours de notre inconscient et de ce qu'il contient. Et que les rapports que nous entretenons avec lui, par nature, ne sont jamais tout à fait clairs…

Pour beaucoup de ceux qui consultent, et quelle que soit la façon dont ils le font, la question est encore plus délicate, puisque le fait même de consulter crée une position clivée, presque schizophrène. D'un côté, si je consulte, c'est que je crois que quelque chose est possible, même si je n'en suis pas certain. De l'autre, je ne saurais oublier qu'officiellement, tout cela est suspect ; je ne peux donc pas toujours en parler à mes proches, ou seulement à ceux dont je sais qu'eux aussi consultent à l'occasion. J'ai envie de croire à ce que l'on va me dire, et en même temps je peux aussi ne pas y croire. Ce qui est dérangeant… et pratique en même temps. Après tout, si la parole du voyant me plaît, je l'adopte, sinon je la refuse. Sait-il seulement ce qu'il dit ? Sur un plan un peu différent, je pense aussi à ces patrons d'entreprise, éminemment concrets et rationnels, parfaitement indifférents aux questions de l'invisible, et qui pourtant consultent, d'abord par curiosité ou par jeu, puis « parce que ça marche ». Et que si « ça » marche, « ça » leur est utile, peu importe comment c'est possible… Enfin, et même s'il ne s'agit pas d'une question de voyance, je pense encore à l'exemple très éclairant d'une femme intelligente, dotée d'une position sociale importante dans une grande entreprise multinationale, qui me raconte dans une soirée qu'elle a vécu, enfant, une expérience particulièrement convaincante de « coupeur de feu » (ces individus dont on dit qu'ils savent guérir les brûlures par le seul toucher, parfois même sans, à distance ou par téléphone…). Partie en montagne avec une amie pendant l'été, toutes deux ignorantes des dangers d'un ensoleillement particulièrement violent, elles s'étaient laissées bronzer en altitude. Gravement brûlées, conduites à l'hôpital, le médecin leur prédit logiquement que la guérison sera longue et douloureuse. L'un de leurs parents se décide pourtant à appeler un homme connu dans la région dont on dit qu'il sait « enlever le feu ». Et en effet, une fois auprès d'elles, en quelques minutes, celui-ci fera disparaître toute trace de leurs brûlures et des douleurs terribles qui les accompagnent. Expérience très forte, très concrète, très positive, dont cette femme a clairement gardé la mémoire, qu'elle n'a pas reniée, mais qui ne l'a pour autant conduite à aucune recherche particulière. Faute sans doute d'une ouverture possible dans un monde qui sait appeler un guérisseur quand il en a besoin, mais qui ne se demande pas quelle leçon essentielle est à la source de son miracle…

Pour quelques-uns pourtant, la voyance est un acte de foi, une conviction profonde, difficile à expliquer peut-être, mais solidement ancrée néanmoins. Plutôt difficile à vivre, toujours menacée, parfois conservée soigneusement au fond d'eux-mêmes, faute de pouvoir être réellement partagée sans s'exposer au scepticisme ambiant, ils (et plus souvent elles) n'ont jamais douté au fond de la réalité d'autres langages, d'autres modes de perception, d'autres dimensions du réel.

Pour quelques autres enfin, la voyance est un vrai sujet d'études et d'interrogations, mais ils sont peu nombreux ; très peu nombreux. Parce que la matière est délicate par nature. Parce que rien ne nous y prédispose. Parce que le monde universitaire officiel est plus que réticent. À titre d'exemples, et seulement d'exemples, sans prétendre à aucune exhaustivité, citons ainsi en France :

- l'Institut métapsychique international (IMI, *www.metapsychique.org*), qui tente de réconcilier le scientifique et le paranormal et dont le mot d'ordre, on ne peut plus clair, est : « Le paranormal, nous n'y croyons pas, nous l'étudions » ;
- l'Institut de recherche sur les expériences extraordinaires (Inrees, *www.inrees.com*), qui souhaite « faire avancer les

connaissances sur ces sujets méconnus et souvent mal compris, tout en permettant à des milliers d'hommes et de femmes d'être entendus sans qu'un jugement préétabli ne soit posé sur leurs expériences » ;

- Bertrand Méheust, philosophe, auteur notamment d'un travail très important sur l'histoire de la voyance au XIXe siècle ;
- Maud Kristen, voyante très connue, qui relate ses expériences au travers de différents livres, mais aussi de sa participation à de nombreuses expériences aussi bien dans des laboratoires spécialisés (à Édimbourg notamment) que lors d'émissions de télévision en direct… ;
- Éliane Gauthier, voyante également réputée, qui a publié une conversation avec le psychiatre Jean Sandretto[1].

Quant à la majorité des voyants eux-mêmes, et pour autant que nous puissions en juger, la voyance constitue d'abord pour eux une expérience ordinaire, parfois utile, parfois dérangeante, un peu magique, toujours exigeante. Une amie voyante me racontait ainsi que, vers l'âge de dix-huit ans, elle se fait un jour draguer par un modèle classique de séducteur macho. Et pendant qu'il lui parle, qu'il argumente, qu'il tente de la séduire, elle voit apparaître devant elle le visage de toutes celles à qui il a déjà raconté la même chose, récité les mêmes formules, débité les mêmes compliments. Comme si elle était un peu toutes les autres à la fois. Comme si elle voyait simplement, directement, spontanément, ce qu'il cherchait justement à lui masquer. Personne n'a dit qu'être voyant était toujours un plaisir…

---

1. *Le psychiatre et la voyante, le dialogue improbable*, Éliane Gauthier et Jean Sandretto, Almora, 2006.

La voyance est ainsi l'objet d'une fascination et d'un rejet, d'une interrogation et d'un soupçon, d'une conviction et d'un doute, d'un vécu et d'un déni, mais de bien peu d'études et de réflexions, de critiques et d'analyses...

Témoignages, objections, réfutations et conclusions

Il est maintenant temps de passer les différents faits de voyance que nous avons évoqués au crible concret des objections usuelles. Puisque, officiellement, la voyance n'existe pas, les faits de voyance doivent en effet trouver des explications, rationnelles si c'est possible. Mais avec quelle validité ? Pour quelles réfutations effectives ?

La première objection qui vient toujours à l'esprit, c'est l'escroquerie. La voyance est suspecte. Et quand on voit les publicités pour voyants qui pullulent dans des magazines, d'astrologie grand public par exemple (genre « Voyance en privé par CB sécurisée, 15 euros les 10 minutes » ou « Un voyant hors du commun reconnu parmi les meilleurs médiums – Consulte lui-même – 7 j/7 – 24 h/24 »), il est vrai que l'on peut se poser des questions. Quand je raconte l'exemple évoqué précédemment, dans lequel Guy Angéli lit mon métier, la forme juridique et le nom de ma propre société, sans que j'aie prononcé un mot, les esprits les plus sceptiques pensent d'abord à une arnaque et je les comprends. Sauf que ces données ne sont pas disponibles sur Internet et que nombre des informations qu'il va me délivrer pendant la consultation (à commencer par la description précise de mon appartement et des deux statues qui s'y font face) ne le sont simplement nulle part. Pas plus que Maud Kristen n'a la moindre occasion de savoir que le père de celle dont je viens à peine de lui parler – et dont elle ne connaît que le prénom, même pas le nom de famille – souffre d'un cancer de l'estomac. Bien sûr, il peut y avoir des arnaques, comme dans toutes les professions, et surtout dans celle-là, si peu, si mal définie. Mais la somme d'expériences que nous avons effectuées ne peut en rien se résumer à une succession d'escroqueries à la petite semaine. De même qu'un garagiste malhonnête fait du tort à sa profession mais ne remet pas en question la validité de la mécanique, un pseudo-voyant fait du tort à l'image d'une faculté et de ses défenseurs, mais ne dit rien au fond de la voyance elle-même.

Si ce n'est pas d'escroquerie à proprement parler dont il s'agit, il doit donc s'agir au moins de manipulation mentale, disent logiquement les esprits toujours sceptiques, et qui ont raison de l'être, en première intention tout au moins. Car il est vrai qu'avec un peu d'intuition, de l'expérience, de la rouerie, une attention aux « signaux faibles », quelques questions bien senties et une certaine dose de naïveté chez celui qui consulte, un « non-voyant » habile peut facilement donner le change. Quand on écoute attentivement des voyances en direct à la radio, on peut ainsi douter de l'intégrité des moyens utilisés. Un voyant qui pose des questions, tâtonne, se trompe, revient, se justifie n'est sans doute pas un voyant digne de ce nom. Au mieux, c'est un voyant qui, ce jour-là, pour cette personne-là, ne voit effectivement pas grand-chose, devrait s'en rendre compte et ne pas poursuivre. Des prestidigitateurs se disent ainsi capables de reproduire des expériences de voyance et, pour certaines, les plus simples, les moins concrètes, les moins précises, y parviennent effectivement avec les moyens de leur art. De même que j'aime beaucoup cette expérience de prestidigitation en *close-up* où l'on vous met une pièce de monnaie dans la main, on vous fait serrer le poing très fort pour ensuite faire disparaître mystérieusement la pièce… qu'en réalité on n'y a jamais mise. On l'a escamotée avant que vous ne fermiez le poing, on vous l'a fait serrer très fort pour que vous puissiez croire qu'elle y était et on vous a ainsi permis de penser que l'expérience avait lieu alors que ce n'était pas le cas. Ça semble magique, mais ça ne l'est pas ; ce n'est qu'une habile manipulation mentale. Mais où serait la manipulation quand Joëlle voit, à distance, sans rien me demander, sans aucun support, sans que je lui demande rien, ce qui est en train de se passer dans une réunion que j'anime et à laquelle elle ne participe pas ? De quel mentalisme relèverait la prédiction d'une place disponible devant le théâtre du Lucernaire ? D'où sortirait l'annonce d'une fuite d'eau qui n'a pas encore eu lieu ou, plus probablement, qui ne s'est pas encore manifestée, dont le propriétaire n'a nulle connaissance et qui ne viendra pas de chez lui ?

Si ce n'est pas de mentalisme dont il s'agit, alors il doit s'agir d'influence et ça ne prouve rien non plus, continuent les plus rationalistes. Ce peut être vrai, là encore, dans une certaine mesure, et notamment lorsqu'il s'agit de prédictions personnelles ouvertes et un peu vagues. « Vous allez rencontrer quelqu'un au printemps, elle sera brune, gaie et travaillera beaucoup » peut effectivement vous amener à rechercher activement quelqu'un de ressemblant et vous conduire ainsi à donner vous-même raison à une prédiction qui vous va bien, sans qu'on puisse en déduire grand-chose quant à la qualité de la voyance d'origine. Mais comment de telles logiques d'influence pourraient-elles prédire des résultats de matchs de football ? Je vous promets que personne, ni à Bordeaux, ni à Paris, ni à Nice, ni à Vannes, n'a été prévenu du « pronostic » posé par Joëlle et qu'aucune des équipes n'aurait pu s'y conformer par paresse ou par influençabilité ! Et le père de la personne que j'avais rencontrée en 2004 avait bien un cancer, il en est bien mort, et personne n'imaginera que c'est seulement pour faire plaisir à une voyante, même réputée…

Après l'escroquerie, la manipulation et l'influence, l'esprit critique évoque alors généralement, l'intuition, l'instinct, voire la télépathie, c'est-à-dire une certaine capacité – collectivement plus acceptable – de capter en direct une information sur celui ou celle qui nous fait face. Il est intéressant d'ailleurs de constater que les esprits les plus critiques, à ce stade, en viendraient presque à accepter la télépathie pour mieux refuser la voyance. Et pourquoi pas ? Ce serait déjà un pas dans l'acceptation de possibilités psychiques nouvelles. Certaines expériences de voyance, d'ailleurs, peuvent effectivement relever d'explications de cet ordre. Yaguel Didier rapporte dans son livre *Au cœur de la voyance*[1] un exemple particulièrement évocateur. Un jour, face à une nouvelle cliente, elle est prise de nausées atroces et ne peut la recevoir. Un an après, la même femme revient pour la consulter et le phénomène se reproduit. Trois mois plus tard, elle apprend que cette cliente est victime d'un cancer du pancréas à un stade avancé. Quelques mois après, la cliente en était morte. Alors oui, peut-être est-ce là de l'ordre d'un instinct direct, d'un ressenti intuitif plus ou moins « viscéral », que nous sommes d'ailleurs nombreux – sans être vraiment « voyants » – à avoir déjà éprouvé, dans un lieu « chargé » d'histoires familiales, face à une personne qui nous est proche ou qui ne va pas bien, jusqu'à ressentir soudainement ce qu'elle ressent justement. Oui, bien sûr, même s'il s'agit probablement déjà de voyance, à un stade encore simple. Mais que dire de cet exemple où Joëlle me

---

1. *Au cœur de la voyance*, par Josette Alia et Yaguel Didier, Plon, p. 59 et 60.

décrit précisément quelqu'un... que je n'ai encore jamais vu ? Dont je ne peux porter aucune image mentale ? Ou quand elle « voit » le mot « Pleyel » et que je ne connais pas moi-même la marque du piano concerné ? La télépathie (supposée...) a ainsi ses limites que le meilleur de la voyance exprime fort bien.

Reste enfin la dernière explication, quand on a épuisé toutes les autres, celle du hasard, de la coïncidence, fût-elle étonnante. Peut-être ce soir-là y avait-il justement une place devant le théâtre, et était-ce seulement une coïncidence, troublante, étonnante, mais toujours possible, que Joëlle en ait justement parlé spontanément. Peut-être est-ce un hasard si j'ai voulu changer de parcours justement le jour où la route serait encombrée devant moi, même si cette explication n'est au fond pas très convaincante. Mais quand Alexis Didier, un très grand voyant du XIXe siècle (voir l'encadré p. 45), s'avère capable, régulièrement, presque à chaque expérience, de lire précisément des morceaux de texte dans un livre qu'il ne connaît pas ou dans une lettre scellée alors qu'il a les yeux bandés, où est donc la coïncidence ? Et quand j'entends le téléphone (ce n'est pas une intuition, un pressentiment, mais bien un son très net) sonner avant qu'il ne sonne, et qu'il sonne effectivement ? Et quand Maud Kristen, dans une émission de télévision, décrit justement une ambiance de fête, de théâtre et de drame dans un lieu qui a justement accueilli autrefois un cirque depuis disparu ? Et surtout, quand l'expérience se reproduit souvent, régulièrement, à chaque consultation, à chaque mise en situation ?

Tous ces exemples montrent bien la difficulté de parler de la voyance dans un monde qui, collectivement, trouverait plus confortable qu'elle n'existe pas, comme on le lui a toujours appris. Mais, sans être malhonnêtes, nous ne pouvons pour autant dénier les faits concrets auxquels elle correspond. Les objections rationnelles finissent par devenir ainsi irrationnelles, forcées qu'elles sont d'amputer la réalité de la partie qu'elles ne savent pas expliquer. Car la réalité, c'est qu'il existe bien une faculté que le terme « voyance » ne désigne au fond pas si mal. Quelles que soient les raisons, même positives, pour lesquelles nous l'avons longtemps escamotée, quelles que soient les raisons plus ou moins avouables pour lesquelles nous n'avons pas envie d'y croire, force devrait pourtant être de se rendre à l'évidence : la voyance existe, et c'est une belle nouvelle, parce qu'elle rend à l'homme une faculté importante que la religion et la science lui ont trop longtemps déniée. Belle aussi parce qu'elle nous ouvre les portes de territoires largement inexplorés, et les usages concrets et positifs qui vont avec.

Vous n'y croyez tout de même pas ? Si vous lisez encore ce chapitre, c'est que la question vous intéresse tout de même un peu. Alors, je vous en prie, allez voir, acceptez simplement de faire vous-même l'expérience en direct. Ne nous croyez pas sur parole, c'est vrai, vous n'avez aucune raison de nous faire confiance *a priori*. Au pire, vous perdrez 80 ou 100 euros, peut-être un peu plus si vous avez la curiosité de choisir un voyant particulièrement réputé[1]. Acceptez de

---

1. Les tarifs de la voyance ne font pas partie du champ de cet ouvrage. Pour en savoir plus, choisir un voyant, trouver ses coordonnées, comparer les tarifs, il existe des guides que vous pourrez consulter dans toutes les bonnes librairies. Mentionnons seulement, à titre purement indicatif, et pour une consultation en face à face d'une heure à une heure trente, des tarifs « inférieurs » de l'ordre de 60 euros, des tarifs « moyens » de l'ordre de 80, 100 ou 120 euros, des tarifs « Premium » de l'ordre de 150, 180, et jusqu'à plus de 300 euros pour ceux que nous avons eu l'occasion de côtoyer. Rien que de logique au demeurant, en termes de temps passé, si l'on compare à d'autres « professions libérales » exerçant dans des conditions un peu similaires : masseurs, coachs, ostéopathes, thérapeutes, pour ne pas dire avocats ou consultants…

vous asseoir en face de quelqu'un que vous ne connaissez pas, qui ne vous connaît pas et ne peut pas vous connaître. Ne dites rien. Laissez le voyant vous parler de votre passé et de votre présent. Peut-être n'avez-vous pas de question urgente, peut-être n'apprendrez-vous rien d'essentiel, peut-être saurez-vous déjà tout ce qu'il a à vous dire. Observez cependant comment il est capable de vous parler sans que vous lui ayez rien dit. Laissez-vous simplement confronter à cette faculté particulière. Vous verrez, il se passe là quelque chose que nous ne savons pas expliquer, mais qui a pourtant bien lieu. Et honnêtement, c'est bien plus intéressant que de regarder la télévision…

Alexis Didier, le talent, les faits et les preuves

Le livre que Bertrand Méheust a consacré à l'un des plus célèbres voyants du XIXe siècle (*Un voyant prodigieux, Alexis Didier, 1826-1886*[1]) est d'un intérêt tout particulier par rapport aux différentes questions que nous avons abordées ici :

– d'abord parce qu'il relate en détail – à partir des très nombreux comptes rendus d'expérience écrits détaillés qui ont eu lieu à l'époque, et dont il est encore possible de retrouver la trace – les véritables prouesses de voyance dont était capable le très fameux Alexis, notamment dans deux de ses spécialités préférées : la lecture dans un livre fermé (les yeux totalement bandés, il posait la main sur un livre qu'il ne connaissait pas, on lui demandait de lire quelque chose du livre et il pouvait en déchiffrer des phrases entières...), et la description à distance de lieux précis (il pouvait visualiser dans les moindres détails la résidence d'un spectateur de l'une de ces séances de voyance, décrire très précisément les tableaux sur chacun des murs ou les objets présents dans chacune des pièces) ;

– ensuite parce qu'il nous initie au paysage de la voyance en France au XIXe siècle, qu'on appelle à l'époque plus volontiers « somnambulisme magnétique » par référence à l'état de conscience modifiée du somnambule et aux expériences de « magnétisation » rendues populaires par Messmer. Nous découvrons ainsi les conditions dans lesquelles étaient pratiquées les expériences concernées : Alexis est toujours d'abord magnétisé, et il répond sous hypnose aux questions qui lui sont posées. Nous revivons aussi les débats passionnés que ces séances ont pu susciter à l'époque entre convaincus et sceptiques, notamment au sein du corps médical, entre scientifiques ouverts curieux de témoigner et de comprendre, et tenants d'un rationalisme strict pour

---

1. *Un voyant prodigieux, Alexis Didier, 1826-1886*, Bertrand Méheust, Les Empêcheurs de penser en rond, 2003.

qui la voyance n'était que charlatanisme (ce sont ces derniers qui l'emporteront finalement et rendront progressivement toute approche scientifique sérieuse impossible) ;
– enfin parce que Bertrand Méheust a effectué un très gros travail de recherche et de confrontation des comptes rendus disponibles, en cherchant à savoir si les expériences pouvaient effectivement avoir donné lieu à trucage ou à supercherie, pour établir au final avec certitude que non, et qu'on peut donc considérer nombre des faits de voyance rapportés comme avérés.

Un voyant prodigieux... constitue ainsi un très beau témoignage, aussi bien de la faculté de voyance elle-même et des preuves qu'on peut lui apporter... que des débats qu'elle peut susciter !

Chapitre 2

Usages et mésusages

Si la faculté de voyance existe, si effectivement des hommes et des femmes peuvent capter directement des informations exactes dans l'espace et dans le temps, les questions qui se posent à nous se transforment et deviennent doubles :

- d'un côté se pose une série de questions intellectuelles, philosophiques, scientifiques, que nous tenterons d'esquisser dans la troisième partie de cet ouvrage, aussi délicates soient-elles. Comment est-ce donc possible ? Comment peut-on lire des informations qui ne sont pas disponibles à nos sens ordinaires ? Comment faut-il penser le monde pour que la faculté de voyance y trouve une place logique et naturelle, cohérente avec les expériences dont nous pouvons certifier la réalité ?

- de l'autre se pose une série de questions concrètes, simples, opérationnelles. Quel usage peut-on faire de cette faculté ? À quoi peut-elle servir, avec quels bénéfices, dans quelles limites ? Pourquoi en sommes-nous dotés ? À quoi peut donc servir de tirer les tarots, de consulter un voyant ou même, pourquoi pas, de développer cette faculté pour soi-même ?

Pour tenter de répondre de façon utile à cette deuxième série de questions, nous avons collecté des centaines d'expériences, d'essais et de témoignages. Certains sont directement les nôtres, d'autres nous ont été confiés par des proches, se sont déroulés devant nous, ou ont été racontés de façon crédible par des voyants connus. La somme de ces expériences, des réussites comme des échecs, des plus simples comme des plus étonnantes, nous conduit aux idées, aux hypothèses et aux conclusions que nous vous présentons dans cette deuxième partie.

Les usages de la voyance

Les principes

Aujourd'hui, dans l'état actuel de ce que nous en comprenons, la voyance est bien une faculté de perception, comparable au fond à ce que nous appelons ordinairement l'« intuition ». Que cette faculté permette des résultats beaucoup plus précis et beaucoup plus étonnants que ceux que nous avons l'habitude d'attribuer à l'intuition dit seulement la puissance d'une telle capacité naturelle quand elle est correctement reconnue, actualisée, développée, entraînée, protégée et nourrie. Rien de magique ni de surnaturel ; seulement une possibilité de l'être humain. D'ailleurs, les voyants ne sont pas des martiens, ils ne sont pas génétiquement modifiés, ce sont simplement des hommes et des femmes comme vous et moi.

Comme il s'agit d'une faculté de perception, il s'agit donc d'une faculté de discernement. À quoi sert en effet de voir, de sentir, de goûter ? Percevoir sert à se situer, à comprendre, à s'ajuster au moment présent, à éviter ce qui nous est nuisible, à s'approcher de ce qui fait sens pour nous, à mieux se représenter les situations. Si les facultés de jugement – la pensée et le sentiment – nous servent plutôt à évaluer les situations, à les classer, à les hiérarchiser, à poser nos préférences, l'intuition ou la voyance n'ont donc sans doute d'autre signification naturelle que de nous aider d'abord à mieux gérer le moment présent. La voyance n'est ainsi pas un phénomène de foire. La nature ne fait manifestement rien « gratuitement » et elle ne nous aurait pas dotés d'une faculté superflue. Ce n'est pas non plus une sorte de super pouvoir. Les voyants n'ont pas percuté de météorites, ils n'ont pas été irradiés. Les plus inspirés parlent simplement « d'une faculté de l'âme ». La voyance nous permettrait ainsi – directement, par l'intermédiaire de supports, sinon par le « canal » de quelqu'un de plus « ouvert » que nous – de mieux appréhender la réalité qui nous environne à un instant donné.

Pour nous, et contrairement à une représentation classique, la voyance n'est donc pas dédiée au futur, mais bien d'abord au présent. Même si la voyance peut nous donner des indications sur ce qui pourrait se passer ensuite, elle sert d'abord et avant tout à récupérer dans le présent des informations dont nous avons besoin, mais que nous ne savons pas capter, ou que nous ne savons pas interpréter parce que nous n'avons pas actualisé la faculté correspondante, ou surtout, le plus souvent, parce que nous sommes trop concernés par ce qui est en jeu pour en faire seul une lecture correcte, aveuglés que nous sommes par nos propres préjugés. Les voyants eux-mêmes ont d'ailleurs du mal à lire ce qui les concerne personnellement, quand leurs propres peurs, leurs désirs, leurs émotions sont par trop présents.

La voyance est ainsi une faculté d'information directe. Rien de moins, rien de plus. Que ces informations puissent nous rassurer quand elles sont positives ou conformes à nos attentes, c'est bien, mais la voyance n'est pas en soi une fonction de réassurance. Que ces informations puissent éclairer le futur, c'est également souvent le cas, mais si le futur n'est encore qu'une probabilité, alors l'essentiel n'est pas là non plus. L'important n'est pas ce qui va se passer, qui n'a pas encore eu lieu et qui nous échappe encore, mais ce que nous faisons, ici et maintenant, pour être aussi juste que possible dans les situations que la vie nous propose.

Consulter un voyant, tirer le Yi Jing ou les runes, c'est d'abord accéder à une meilleure lecture, à une « vision » plus précise de là où nous en sommes par rapport à une question donnée, de ce qui se joue, de ce qui se trame, en nous et hors de nous, à notre insu ou non. C'est pourquoi la voyance accroît notre liberté ; elle ne la réduit pas, elle ne nous aliène pas. Dans un acte de voyance, votre liberté n'est pas en jeu, bien au contraire, sauf si vous vous en dépossédez vous-même en vous remettant aveuglément à celui qui est en face de vous. N'est-ce pas en effet le propre d'un être libre, conscient, actif, mature, que de collecter au préalable le maximum d'informations pour prendre les meilleures décisions possibles ? Un homme d'affaires expérimenté ne lance pas une société sans étude de marché préalable, il ne rachète pas une entreprise sans un diagnostic détaillé, même si son flair lui dit déjà dans quelle direction il peut s'engager. De même, un navigateur expérimenté évite de prendre la mer sans consulter la météo, même si son expérience lui permet de pressentir l'évolution du temps en observant lui-même le ciel, le vent ou les oiseaux. Pourquoi en serait-il autrement de nos propres décisions, personnelles ou professionnelles ? Pourquoi ne pas utiliser la voyance pour gagner du temps, de l'argent, de l'énergie, de l'efficacité, de la sérénité, en s'assurant de prendre des décisions justes au moment opportun ?

Le temps

Le passé

Un voyant peut lire dans le passé de celui qui le consulte, mais aussi dans le passé de ceux dont il sera question durant la consultation, nous en avons eu maintes fois la preuve. Au demeurant, ce n'est généralement pas ce qu'il y a de plus difficile à admettre puisque nous savons tous que, par nature, les informations correspondantes existent, ne serait-ce que dans la psyché des individus concernés. C'est même une des façons les plus simples de tester un voyant. Asseyez-vous en face de lui, ne dites rien et laissez-le capter des informations de votre passé, suffisamment exactes et personnelles pour qu'il ne puisse y avoir aucun doute sur le fait qu'elles vous appartiennent en propre et sans qu'il y ait aucun moyen logique ou rationnel de les appréhender. À ce titre, il est ainsi beaucoup plus facile de tester un voyant qu'un thérapeute. Il est impossible à un thérapeute, fût-il exceptionnel, de vous démontrer sa compétence en quinze minutes. Il a d'abord besoin de vous écouter en profondeur, même s'il sent peut-être d'emblée quelque chose à votre propos. Un voyant doit être capable d'accéder directement aux informations nécessaires et doit pouvoir vous en apporter la preuve immédiate.

Pour autant que nous puissions en juger cependant, et malgré une idée assez répandue (parfois par des voyants eux-mêmes), il ne s'agit pas pour autant de télépathie. La preuve en est qu'un voyant peut lire des informations sur le passé de ceux qui vous sont proches… et que vous ignoriez. Lors de ma toute première consultation de voyance, il y a dix ans déjà, Maud Kristen a lu des choses sur ma compagne de l'époque que je ne savais pas moi-même, et que j'ai pourtant pu vérifier par la suite auprès de ses parents.

À quoi sert cependant qu'un voyant lise des informations passées que vous connaissez déjà ou que vous pourriez obtenir autrement ? Pour nous, et toujours dans la logique de recherche d'informations additionnelles pertinentes pour éclairer une situation donnée, l'usage d'une voyance sur le passé a deux fonctions majeures, au fond complémentaires. La première est de l'ordre de la psychogénéalogie et tient à la recherche d'informations enfouies, occultées dans l'histoire familiale et qui pourtant nous concernent. La seconde tient à ce que nous avons oublié ou que nous ignorons – au moins consciemment – de notre propre passé. Et les deux vont souvent de pair.

À partir des photos de mariage de mes parents et de mes grands-parents, j'ai ainsi consulté il y a quelques années une voyante pour comprendre pourquoi ces trois couples n'avaient eu qu'un seul enfant. La situation même était passionnante et le résultat parfaitement compatible avec ce que je savais, mais aussi ce que je ressentais de chacun. La consultation ne pouvait bien sûr m'apporter aucune certitude, mais elle m'a néanmoins livré de vrais éléments de réflexion sur un sujet important pour moi, alors même que je disposais de très peu de sources d'informations directes :

mes quatre grands-parents étaient morts, dont trois avant ma naissance, et il n'y avait justement ni oncles ni tantes…

De même, l'un de mes amis s'est intéressé avec Joëlle à l'histoire mystérieuse d'un grand-père dont il soupçonnait que l'histoire familiale occultait des pans sulfureux, et Joëlle a vu des raisons précises, concrètes et cohérentes qui expliquaient le silence gêné qui entoure son histoire. Un autre de mes amis a consulté deux voyantes différentes sur les conditions très particulières – meurtre ou suicide ? – dans lesquelles était mort le père de son épouse. Là aussi, il a obtenu des informations, des images, des explications potentielles, et ces informations étaient intéressantes, construites et cohérentes, même si nous ne pouvons affirmer qu'elles étaient justes, et même si les deux voyantes – d'accord sur l'essentiel – n'avaient pas tout à fait la même lecture des faits. Plus récemment, enfin, quelqu'un a interrogé Joëlle sur l'origine possible d'un problème de santé persistant. Les liens que Joëlle a établis pour elle avec des faits de son enfance qu'elle avait oubliés lui ont semblé très parlants, très convaincants.

Bien sûr, toutes ces informations, toutes ces interprétations sont à prendre avec beaucoup de précautions, puisque l'intérêt ici consiste justement à récupérer des données dissimulées, consciemment ou non. De même que leur exhumation demande beaucoup de tact et de prudence de la part du voyant lui-même, puisqu'il s'agit parfois de confronter un individu avec une part enfouie, refoulée, de son histoire individuelle ou familiale, sans garantie qui plus est de ce qui a pu effectivement se passer. Mais il n'en demeure pas moins que la voyance peut ainsi éclairer des situations passées dont les résonances au présent ne cessent de nous interroger, nous aider à mieux cerner d'où nous venons et comment nous nous sommes construits, nous permettre de confronter les discours familiaux – souvent tronqués ou truqués – avec d'autres approches de l'information correspondante, plus directes et plus neutres. Et progresser ainsi, pas à pas, sans certitudes, mais sans résignation, activement, consciemment, vers une image de nous-mêmes plus complète et plus cohérente…

Le présent

Seul le présent existe, puisque le passé n'existe déjà plus et le futur n'existe pas encore. Même si ça peut sembler paradoxal en apparence, la voyance est donc surtout un art du présent. Ce que le voyant sait, voit, devine ainsi le mieux, c'est surtout ce qui est là, présent aujourd'hui, dans l'état actuel de ce qui a été pensé, créé, mis en œuvre, de façon consciente ou non, visible ou pas.

L'utilité de la voyance, son sens véritable, tient alors à ce que nous savons déjà, à ce que nous pouvons déjà lire et comprendre… ou non. Si tout est véritablement clair pour nous dans une situation donnée, la voyance ne nous apportera sans doute rien, si ce n'est justement la confirmation de ce que nous avions déjà compris. Tous ceux qui tirent régulièrement le Yi Jing ou les tarots savent ainsi que les réponses obtenues sont d'autant plus « décevantes » que nous avions déjà une idée précise de ce qui était en jeu. Mais il est rare, surtout dans des situations importantes, que tout soit absolument clair, et ce ne sont de toute façon pas ces situations-là qui nous conduisent à interroger les cartes ou à questionner une voyante. Parce que les situations que nous avons à affronter tous les jours, personnelles ou professionnelles, sont souvent complexes, faites d'ambitions, de tentations, d'interactions, de contraintes. Parce que nous ne disposons généralement pas de toutes les informations idéalement nécessaires, ni des accès correspondant aux informations concernées. Enfin parce que, justement, nous sommes directement concernés et que nos peurs, nos désirs, nos espoirs, nos interdits sont aussi de la partie et faussent facilement notre perception des enjeux.

Dans toutes ces situations (« normalement » enchevêtrées pourrait-on dire), la voyance et les arts divinatoires ont leur place. Ils nous aident en effet à lire au-delà des peurs, des masques et des murs ordinaires. La voyance nous offre ainsi le recul qu'il nous est difficile d'avoir sur nous-mêmes, en nous proposant une lecture directe de ce que nous portons au plus profond, mais que nous n'avons pas nécessairement su dégager. Elle nous offre des bribes de vérité complémentaires en perçant les défenses ou les mensonges de ceux qui nous entourent. Elle peut enfin nous livrer des informations qui nous sont inaccessibles, en captant dans l'espace ce que nous ne pourrions savoir.

Pour illustrer chacune de ces dimensions, voici trois exemples précis directement inspirés d'expériences vécues :

- imaginez que vous ayez envie de créer, mais que vous ne sachiez pas précisément quoi, pris entre vos envies d'expression et vos peurs, vos modèles acquis et vos aspirations propres : sculpture ou peinture ? Roman policier ou science-fiction ? Jouer la comédie ou apprendre à chanter ? Un voyant (la voyance, les arts divinatoires…) peut vous aider à éclaircir vos propres motivations en ouvrant justement un accès vers le plus profond de vous-même, de façon neutre, indépendante, détachée, au-delà de vos propres barrières ;

- imaginez que vous soyez en conflit avec un proche (un conjoint, un ami, un associé…) et que chacun campe sur ses positions, persuadé au fond d'avoir raison (rien que de très ordinaire !). Un voyant peut vous aider à mieux décrypter vos motivations et celles de l'autre (puisqu'il aura potentiellement accès aux deux parties) et donc à mieux comprendre le conflit… et les moyens d'en sortir ;
- imaginez enfin que vous vouliez acheter une voiture d'occasion (un appartement, une entreprise, qu'importent au fond le bien et les enjeux), mais que vous ne fassiez pas confiance au vendeur que vous ne connaissez pas suffisamment. Un voyant peut vous aider à évaluer l'opportunité de cette acquisition, mais aussi à détecter d'éventuelles omissions ou à négocier le prix le plus bas en fonction de ce qu'il va capter du vendeur, de sa probité, de ses besoins, de ses intentions.

Un peu « coach », un peu « conseiller », un peu « espion », toujours inspiré si (et seulement si) il est authentiquement talentueux, le voyant, la voyante, la voyance peuvent donc nous aider à y voir plus clair au présent. Pour nous aider à prendre ainsi des décisions plus justes et donc plus efficaces, plus durables et plus fécondes.

Le futur

Reste la question la plus délicate : celle du futur. Celle qui crée le plus d'interrogations, d'envies, de peurs, de refus, de débats : peut-on ou non prédire l'avenir ? Celui-ci est-il écrit ou pas ? Puis-je savoir ce que l'avenir me réserve ? En ai-je seulement le droit ?

Face à cette question clé, sans doute aussi ancienne que la divination elle-même, notre position va peut-être vous décevoir. Elle a cependant le mérite de la simplicité. Elle est globalement partagée par tous les voyants avérés avec qui nous en avons parlé. Elle est cohérente avec la plupart des enseignements spirituels que nous avons rencontrés. Elle est enfin, et surtout, compatible avec la somme d'expériences que nous avons conduites, Joëlle et moi – et nous en avons conduit beaucoup, « pour voir », avec de vrais succès comme de nombreux échecs.

Pour nous, au final… le futur n'existe pas. Il n'existera d'ailleurs jamais. Quand demain sera, ce sera aujourd'hui. Sous des réserves que nous évoquerons dans le prochain chapitre quand nous aborderons plus précisément – au-delà de ses usages expérimentaux – les questions que pose la voyance, nous posons donc ici comme principe de travail qu'une prédiction n'est sans doute jamais possible avec certitude. L'humoriste danois Storm Petersen disait : « Il est difficile de prévoir quoi que ce soit, et surtout l'avenir. » Nous sommes d'accord avec lui.

La meilleure preuve en est peut-être le nombre très élevé de prédictions fausses. Je ne sais ainsi combien de rencontres on m'a prédites et qui n'ont jamais eu lieu. De même que beaucoup de conseils ou d'avertissements n'ont trouvé *a posteriori* dans la réalité aucun écho très clair. Même de la part de voyants sinon très justes quant à leur lecture directe du passé et du présent. Le passé a existé. Le présent existe. Le futur reste à imaginer et à construire, mais aussi à recevoir et à accepter. Nul destin ne trace notre route par avance ou, sinon, nul de ceux que nous avons rencontrés ne semble capable de le lire en détail. La voyance n'est ainsi pas l'art du futur. C'est décevant d'une certaine façon : nous ne pourrons pas nous rassurer à bon compte. D'un autre côté, c'est rassurant : rien n'est écrit, tout reste envisageable, sinon possible. C'est exigeant aussi : nous restons maîtres de notre futur et de la façon dont nous allons vivre, affronter, gérer ce qui va se présenter.

Pour autant, si la prédiction est difficile et le risque d'erreur avéré, la prévision reste possible, et souvent avec succès. Car si le futur n'est pas écrit, quelque chose du futur est cependant déjà présent, et donc déjà lisible, parfois de façon très claire et très limpide. Et c'est toute la subtilité, toute la difficulté effective de la question…

Tout ce que nous créons en effet, tout ce que nous mettons en place chaque jour par nos pensées, nos actions, nos échanges, nos prises de position contribue à orienter la suite de nos événements. La façon dont je travaille, par exemple, celle dont je construis mon savoir-faire, mon expérience et mon réseau, conditionne ainsi directement la poursuite de ma carrière. De même, la façon dont un sportif se prépare à une épreuve importante, s'entraîne, se nourrit, se repose, se fait confiance, visualise son succès ou son échec, crée directement les conditions de sa réussite, nous en serons tous d'accord. À partir de là, c'est-à-dire à partir de ce présent disponible et de ce qu'il construit concrètement, une voyance du « futur probable » devient donc possible. Ce qu'un voyant peut lire ainsi – relativement facilement – du futur, c'est ce qui en a déjà été écrit au présent. Si rien ne change d'essentiel. Si vous ne modifiez pas vous-même – délibérément ou non – la programmation, l'intention correspondante. Toutes choses égales par ailleurs. Et à condition bien sûr d'avoir affaire à un voyant intègre, qui vous dit précisément ce qu'il perçoit, et non à un voyant complaisant qui cherche à vous faire plaisir en vous retournant l'écho de vos envies. Une dérive parmi d'autres, pas la moins fréquente ni la moins pernicieuse, que nous aborderons un peu plus loin quand il sera justement question des risques et des pièges…

Pour prendre un exemple très classique et très concret, une mère de famille vient consulter pour savoir si son fils va réussir l'examen qu'il prépare. Mettons que le voyant voie le succès au rendez-vous : il voit des images de joie, il capte quelque chose de la scène qui pourrait avoir lieu s'il réussit. Pourquoi ? Parce qu'il perçoit la dynamique à l'œuvre – le travail, l'engagement positif, la capacité en action – et son résultat probable, ici la réussite attendue. Mais si, d'ici à l'examen, le jeune homme tombe soudainement éperdument amoureux, en perd le goût de l'effort scolaire et cesse totalement de travailler, le résultat pourrait être totalement différent. Un voyant pourrait-il capter aussi ce changement brutal ? Peut-être, si quelque chose – son amour encore latent, par exemple – est déjà à l'œuvre. Ou peut-être pas, s'il ne l'a même pas encore rencontrée, et que rien en lui ne s'oppose encore à l'effort de préparation. Sans compter que chacun d'entre nous conserve à chaque instant son libre arbitre. Et que rien ne l'empêcherait, par exemple, de ne pas se présenter le jour de l'examen, même après avoir beaucoup travaillé. Si cette décision radicale est déjà en germe le jour de la consultation, le voyant devrait l'entrevoir et prévenir la mère. Mais si cette décision d'abandon se déclenche plus tard, quelle qu'en soit la raison, bonne ou mauvaise, consciente ou inconsciente, ce futur-là n'existe simplement pas encore. Il n'est donc sans doute pas lisible.

Cependant, comme nos dynamiques restent le plus souvent durables (et donc prévisibles), nos programmations constantes (et donc lisibles), les rencontres brutales, les changements de cap radicaux et les cas de force majeure plutôt rares, alors les prédictions sont souvent justes. Malgré tout.

Pas parce que le futur existe, qui nous attendrait au bout d'une ligne droite déjà toute tracée que nous serions par avance contraints d'emprunter, mais parce que le présent est le plus souvent déjà gros d'un futur largement probable. D'autant plus probable, d'ailleurs, que nous ne le remettons nous-mêmes pas en question.

Ce qui est vrai d'un individu et de ses décisions l'est bien sûr aussi de deux, ou de quelques-uns. Et la voyance nous permet, par exemple, de lire en même temps ce que nous avons créé, ce que l'autre (avec qui nous sommes en relation) a créé aussi de son côté, et donc quelque chose de la résultante des différents mouvements. Imaginons ainsi un couple en train de se marier. Si le voyant perçoit effectivement les deux dynamiques à l'œuvre, donc ce qui fonde le couple et ce qui le menace, alors le futur probable du couple en devient lisible avec une probabilité relativement élevée. Mais rien ne dit pour autant – et heureusement… – que ce sera justement leur avenir. Car rien ne les empêche de modifier leur relation, d'en comprendre les limites ou de travailler pour réussir à sécuriser leur couple. Et rien ne dit non plus que des événements imprévus ne vont pas surgir et bouleverser la donne…

À des niveaux plus complexes d'interactions multiples, en revanche, la prévision devient de plus en plus complexe, et finalement très aléatoire. Je peux en témoigner, notamment pour l'avoir expérimenté à de nombreuses reprises sur des questions professionnelles. Est-ce que le client X va signer le contrat que nous lui avons proposé ? S'il est seul décideur en jeu, la prédiction est généralement juste. S'ils sont plusieurs décideurs en parallèle, le résultat commence à devenir plus difficile à prévoir. Et s'il s'agit d'un appel d'offres, par exemple, avec de très nombreux intervenants, pas tous connus, aux motivations souvent contradictoires, le pronostic risque bien souvent d'être faux. Parce que si, dans le premier cas, la décision est souvent déjà prise au fond, même si elle ne nous est pas encore connue, elle ne l'est généralement pas dans le dernier, et peut être modifiée plusieurs fois en fonction des jeux d'acteurs, participants et décideurs.

Enfin, il demeure quelques faits de « voyance pure », des « flashs », des prévisions invraisemblables de justesse et de précision, venus en quelque sorte « de nulle part », qui ne semblent relever d'aucune de ces catégories et dont nous ne savons pas rendre compte. Mais elles sont rares, éparses, imprévisibles elles-mêmes en quelque sorte. Elles touchent peut-être cette fois à la structure même du temps, dont la linéarité n'est probablement qu'une représentation confortable, sujet éminemment complexe s'il en est, dont nous tenterons cependant de reparler de façon plus précise dans le chapitre suivant.

Au final, à quoi sert donc de se poser des questions sur le futur si le futur n'existe pas et si le voyant n'en voit rien de certain ? La réponse, là encore, est simple, mais exigeante. Ce que le voyant vous tend quand il vous parle de votre futur, c'est un miroir. Un miroir de vos intentions, de vos constructions, de vos engagements et, si besoin, de ceux avec qui vous êtes en relation. Pas pour vous y enfermer, pas pour que vous vous y complaisiez, mais pour que vous le regardiez attentivement et décidiez s'il vous convient ou non. Si l'image qui apparaît vous parle, si elle vous plaît, si elle est en cohérence avec vos intentions les plus profondes, alors continuez dans cette voie. La voyance vous conforte et vous appuie. Si au contraire vous n'aimez pas le futur que le voyant vous présente, c'est que vous n'avez sans doute pas encore construit le futur que vous aimeriez vivre. Il vous reste alors à comprendre l'écart, pour mieux le réduire…

> **Pourquoi les voyants ne jouent pas au loto…**
>
> Parmi les questions qui reviennent souvent – sur un mode tantôt ironique, tantôt intéressé –, la question de la voyance et du jeu est sûrement l'une des plus fréquentes. Une fois acceptée l'idée que la voyance pourrait exister, l'une des premières applications simples, concrètes et tangibles qui vient à l'esprit de beaucoup… c'est le jeu, ou comment utiliser la voyance pour gagner de l'argent facilement. Et de voir aussitôt dans la pauvreté (relative) des voyants un indice au fond probant que la voyance n'existe pas…
>
> Soyons clairs, si des voyants pouvaient effectivement prévoir les résultats du loto, il y aurait beaucoup de gagnants et les sommes gagnées seraient infiniment plus faibles. Personne n'y parvient, pour une raison sans doute très simple. Il est possible de prévoir ce qu'un homme construit de son futur en pensant et en agissant, mais pas ce qu'une machine – qui ne pense pas, ne réagit pas, ne prévoit rien, ne construit rien – va faire une fois allumée. La seule chose qui est sans doute envisageable – et une amie de Joëlle, voyante également, a tenté l'expérience avec un certain succès –, ce serait de prévoir le résultat du tirage… une fois la machine en marche et les boules lancées. Car dans ce cas-là, quelque chose est déjà en route, dont l'issue n'est pas imprévisible. Mais ce n'est bien sûr d'aucune utilité concrète de savoir dans un casino quel numéro va peut-être sortir à la roulette… quand il n'est plus possible de miser.
>
> Pour prendre l'exemple des cours de la Bourse, nos expériences personnelles n'ont pas été plus concluantes. La prévision des cours de Bourse échappe manifestement aussi à la voyance. Peut-être simplement parce que ces cours sont faits de l'interaction permanente de tellement d'acteurs, tous reliés, tous s'observant et réagissant en direct les uns par rapport aux autres, que la prévision d'un résultat global en devient quasiment impossible, pour les experts comme pour les voyants. Pour le seul plaisir de l'anecdote, rappelons ainsi qu'un grand

journal anglais avait, il y a quelques années, comparé les performances obtenues en parallèle par une petite fille, un singe et un expert de la City, chacun choisissant ses valeurs selon ses critères propres. Le portefeuille géré par le singe l'avait emporté. Un journal américain avait pratiqué le même type d'expérience en comparant les résultats obtenus par un spécialiste de Wall Street avec ceux obtenus à partir de décisions prises en jouant aux fléchettes sur les pages boursières d'un journal, et les deux méthodes avaient donné des résultats sensiblement équivalents. Seules, peut-être, des prévisions faites en voyance sur le devenir opérationnel des entreprises, et donc de leurs cours de Bourse, pourraient donner des résultats significatifs car il y aurait en jeu des énergies beaucoup plus claires, un nombre limité de décisions opérationnelles importantes et d'acteurs pour les prendre. Mais nous n'avons pas eu l'occasion de vérifier cela de façon probante.

En ce qui concerne les matchs de tennis, nous avons fait quelques tests significatifs lors du dernier tournoi de Roland-Garros, et les résultats sur des matchs plutôt équilibrés des quarts de finale n'ont pas été concluants non plus, à ma relative surprise, même en cherchant à pronostiquer les résultats quelques heures seulement avant les matchs. Comme si entre des joueurs et des joueuses dont la qualité technique, le niveau de forme, l'engagement, la motivation sont finalement proches, tout se jouait en fait dans l'instant même du match, au fil des points gagnés ou perdus, de la confiance qui se crée ou se perd, des réglages qui se mettent en place ou non, de l'ascendant qu'un joueur prend ou pas sur l'autre. Comme si tout était en fait possible *a priori*, si rien n'était donné, si rien n'était donc prévisible au fond. Ce qui accréditerait bien l'hypothèse d'un futur ouvert, en re-création permanente, tout au moins dès lors que chacun s'y efforce réellement, comme c'est le cas entre des compétiteurs de haut niveau. Et sans parler bien sûr de rencontres fondamentalement déséquilibrées parce que l'un des joueurs est structurellement beaucoup plus fort que l'autre...

Pour les matchs de football, les résultats ont été paradoxalement bien meilleurs, peut-être parce que la dynamique collective d'une équipe est au fond plus constante, plus homogène, plus cohérente dans la durée, et donc plus facile à lire. L'exemple des matchs de Coupe de la Ligue que nous avons cité est en lui-même déjà éclairant, mais je pourrais aussi en évoquer un autre qui l'est tout autant. En juin 2006, avant même le début de la Coupe du monde de football, je prenais un verre avec un ami en passe de devenir président d'un club de football amateur en région parisienne, et nous avions parié, Joëlle, lui et moi, sur le prochain vainqueur, persuadés que notre culture du football l'emporterait sur une improbable voyance. J'avais pronostiqué une victoire de l'Argentine ou du Brésil, lui du Brésil ou de la France. Joëlle – qui, je le rappelle, n'y connaît rigoureusement rien et ne s'y intéresse en aucune façon – nous regarde alors et nous demande : « Ça existe, une équipe d'Italie ? » Ne pariez jamais avec une voyante[1]...

En ce qui concerne les courses de chevaux, les résultats sont là aussi plus significatifs, surtout dès lors que l'on croise un pronostic théorique avec une information de voyance. La voyance ne dit pas le nom du cheval qui va gagner, ni son numéro – là encore rien n'est fait, la course n'est pas courue, tout est encore possible –, mais elle dit par contre assez bien si le favori est en forme ou pas, prêt pour la course ou pas, réduisant ainsi potentiellement le risque d'erreur et augmentant les chances de gain. De même qu'on pourrait imaginer qu'un voyant puisse être très avantagé dans un jeu de cartes : au black-jack par exemple (deviner la carte qui est sur le dessus du paquet) ou *a fortiori* au poker (savoir qui bluffe et qui ne bluffe pas, qui a du jeu et qui fait semblant).

La question – anecdotique en première intention – de la voyance et du jeu parle bien ainsi de ce qui est possible et de ce qui ne l'est pas en termes de prédiction, et donc de ce qui existe ou non en termes de futur, en tout cas à un niveau simple, dans la vie quotidienne, sur des plans de conscience ordinaires. De façon beaucoup plus prosaïque,

---

1. Pour ceux qui l'auraient oublié, en juillet 2006, l'Italie a battu la France aux tirs au but lors de la finale de la Coupe du monde de football en Allemagne. Si la France faisait plutôt partie des favoris de la compétition, personne ne donnait très cher des chances de l'équipe italienne...

elle dit aussi que, sous certaines conditions et dans certains types de jeu, un voyant pourrait être largement avantagé. Alors pourquoi ces derniers ne jouent-ils pas plus ? Souvent pour des raisons éthiques, considérant que leur « don » ne doit pas être utilisé de façon matérialiste et intéressée. Mais aussi parce que la voyance suppose un détachement profond pour être possible et ne pas être confondue avec les manifestations ordinaires du mental, tels rêveries, fantasmes ou souvenirs... L'envie de gagner, la peur de perdre, sans même parler chez certains de cette pensée qu'ils n'ont pas le droit d'utiliser ainsi leur talent, suffiraient probablement à polluer suffisamment leurs perceptions pour en dégrader totalement les résultats. Car la voyance est fragile elle aussi, fugitive, toujours menacée par le doute, le désir, l'émotion...

Les thèmes

Sur ces bases, tous les thèmes peuvent bien sûr faire l'objet d'une question de voyance, ou même, sous certaines conditions, d'un tirage de tarots, de runes ou de Yi Jing. Qu'il s'agisse d'amour ou de santé, de changer de domicile ou de travail, d'acheter un commerce ou un appartement, d'association ou de mariage, de stratégies professionnelles ou de relations familiales, tous les domaines majeurs peuvent être envisagés. Et les autres aussi : la voyance peut vous aider à retrouver un objet perdu, diagnostiquer une panne de voiture, éviter un embouteillage ou évaluer un bien immobilier. L'important est d'avoir besoin d'informations. Au présent, toujours au présent. Pour s'adapter au plus juste au monde dans lequel nous évoluons.

L'amour

À tout seigneur, tout honneur. Commençons cette revue de détail des grands usages de la voyance par les questions affectives, sans doute les plus fréquentes, souvent les plus douloureuses, presque toujours les plus complexes. Relations parents-enfants ou frères-sœurs, relations hommes-femmes, recherche d'un compagnon ou d'une compagne, unions, difficultés, ruptures… De quoi la voyance est-elle capable ?

Soyons clairs, elle n'est pas capable de « vous ramener l'être aimé » comme le proposent parfois les encarts publicitaires de « sorciers » et de marabouts, ni de vous garantir le succès dans vos aventures affectives, succès qui dépend essentiellement de vous, de votre ouverture, de votre engagement. En matière affective, la voyance, si elle est honnête, rassure donc beaucoup moins ses clients que ceux-ci ne le souhaiteraient.

En effet, la voyance informe, explique, éventuellement conseille… mais n'agit pas ! En revanche, elle peut nous aider à mieux comprendre ce qui est en jeu dans une relation, de façon à nous y inscrire de façon plus juste. Elle peut nous proposer une vision plus complète et plus vraie de ce que sont véritablement les relations que nous vivons, au-delà de nos peurs, de nos désirs et de nos interdits. Car le voyant, qui est neutre et détaché de la situation, a le mérite de pouvoir lire potentiellement ce que nous lisons souvent si mal, en nous comme en l'autre, des motivations à l'œuvre et de leurs dynamiques profondes. À condition d'accepter justement la voyance pour ce qu'elle est : ni formule magique, ni gri-gri, seulement un outil d'information précis, subtil et exigeant.

La voyance peut ainsi nous aider à mieux comprendre l'autre, la façon dont il réagit, ce qu'il attend, ce qui l'inquiète, de façon à mieux accepter sa différence et à mieux communiquer avec lui. Elle peut lire aussi ce qui nous relie à l'autre ou nous en éloigne, et nous aider à mieux gérer ce qui est à l'œuvre dans la dynamique de la relation. Elle peut nous aider enfin à comprendre, en nous, ce qui nous empêche de nous ouvrir, ou nous attache au contraire dans des relations pourtant difficiles. Encore faut-il, bien sûr, que le voyant ait la capacité de le lire avec intelligence et de le restituer avec finesse. Et que le consultant ait la distance et la maturité nécessaires pour l'entendre et en tirer profit.

La santé

À la fin d'une séance publique de voyance, une femme se lève et demande à Joëlle l'autorisation de poser une dernière question. Elle explique qu'elle a terriblement mal au dos, que les médecins, malgré de nombreux examens, ne comprennent pas ce dont elle souffre et qu'elle a très peur de finir en fauteuil roulant. Joëlle la regarde un instant, lui sourit et lui répond doucement « Ne vous inquiétez pas, vous n'avez aucun problème de dos, vous avez seulement un problème de dents. Et c'est ce problème de dents qui crée votre mal de dos. Consultez votre dentiste, il saura certainement quoi faire pour vous... » L'honnêteté m'oblige à dire que nous n'avons pas revu cette femme, je ne peux donc garantir *a posteriori* la véracité du diagnostic ainsi posé. Je suis pourtant presque sûr qu'il était juste, d'autant que l'enseignant qui a formé Joëlle était également présent et d'accord avec sa réponse. Mais surtout, cette anecdote dit bien ce dont la voyance est capable quand il s'agit de santé : considérer l'individu dans son ensemble, pour lire au présent, toujours au présent, ce dont il souffre réellement, quels que soient les symptômes en jeu et la façon dont ceux-ci se manifestent.

À ce titre, le voyant – quand il est inspiré – n'est pas si différent dans son approche de ces grands médecins qui disent savoir de quoi souffrent leurs patients au moment précis où ceux-ci entrent dans leur cabinet, avant même de les avoir entendus ou examinés. Peut-être ces médecins-là sont-ils un peu voyants sans le savoir, dans ces moments d'intuition dynamique, même s'ils pensent que c'est leur expérience qui est seule en jeu… Quant aux médecins tibétains traditionnels, on dit qu'ils posent leur diagnostic en lisant simplement l'aura des malades, ce qui revient sans doute au même. Certains ostéopathes disent capter directement des informations sur le passé et le présent de leurs patients – les traumatismes qu'ils ont vécus, notamment – simplement en les touchant ou en les manipulant. L'être humain est un tout qui semble pouvoir être approché ainsi, de façon directe et holistique.

Attention, cependant ! Que la voyance en tant que faculté soit parfois capable d'un complément de diagnostic exact ne veut pas dire que toutes les voyances soient justes, ni tous les voyants inspirés. Au mieux, comme je l'espère dans l'exemple évoqué ci-dessus, la voyance est capable d'aider le patient à faire le lien entre des maux et des causes, à comprendre l'origine d'un symptôme, donc à consulter le bon médecin au bon moment. Surtout quand effectivement les symptômes paraissent flous, les manifestations changeantes et mal définies, donc plus difficiles d'accès pour la médecine occidentale et ses logiques « analytico-déductives ». Mais si elle peut constituer un formidable outil d'aide au diagnostic – comme au fond dans les autres domaines –, elle ne peut rien prétendre avec certitude, ne sait naturellement ni soigner ni guérir, et ne peut qu'offrir des bases d'informations alternatives, à considérer toujours avec prudence…

Que des consultants demandent à un voyant s'ils vont guérir ou non, ou encore s'ils doivent se faire opérer ou pas, est ainsi très dangereux. Pour le voyant, car ils lui confèrent un pouvoir qu'il ne devrait pas accepter faute d'avoir simplement le droit de l'exercer. Pour eux-mêmes parce qu'afin d'être rassurés, ils ouvrent la porte à toutes les dérives. D'autant que personne, ni le voyant ni le consultant, ne peut jamais être certain d'une information de voyance, même délivrée avec toute l'intégrité requise. L'erreur est toujours possible… et le futur n'est pas écrit. La guérison dépend donc toujours totalement de l'attitude du patient, de son envie de guérir, de sa capacité à s'investir dans un traitement, c'est bien évident. Et sans doute d'autant plus important à rappeler ici qu'il s'agit de santé, et donc parfois de vie et de mort…

Le travail

Qui dit travail dit très souvent relations : relations hiérarchiques, de dépendance ou de management, relations horizontales, de coopération ou de compétition… et toutes les difficultés qui les accompagnent au quotidien. Là encore, la voyance peut éclairer une situation difficile ou conflictuelle, nous permettre de mieux comprendre l'autre et d'optimiser l'interaction. Elle peut nous aider à mieux gérer un collaborateur avec qui l'entente est délicate, mieux affronter un patron autoritaire ou mieux collaborer avec quelqu'un de très différent de nous, pour gagner ainsi, selon les situations, du temps ou de l'énergie, de la sérénité ou de l'efficacité.

Qui dit travail dit aussi – moins souvent il est vrai, mais de façon parfois plus essentielle – questions d'orientation. Que puis-je faire maintenant ? Comment puis-je évoluer ? Dois-je changer d'entreprise, de secteur d'activité, voire de métier ? Comment retrouver un travail si je viens de perdre le mien ? Où le chercher et pourquoi ? La voyance peut vous aider à répondre à ces questions, comme à toutes les questions clés de construction de soi, car nous sommes tous porteurs de nos propres réponses au plus profond de nous-mêmes. Et que la voyance peut nous aider à y accéder…

Comme un coach, nous direz-vous peut-être ? À vrai dire non. Voyance et coaching ne participent pas de la même démarche ; il ne s'agit ni de la même posture, ni du même contrat de relation, ni surtout du même service. Le voyant accède directement à des informations sur l'autre, et peut aller ainsi beaucoup plus vite et plus directement aux questions de relations en jeu, alors que le coach ne sait pas ce qui est juste au fond dans la question que vous lui soumettez. Mais d'un autre côté, le coach peut vous aider à éclaircir votre propre position et à travailler concrètement sur vous-même pour la faire évoluer positivement. Alors que le voyant, en une séance, peut certes vous donner un éclairage précis sur ce qui vous échappe, mais ne saurait engager de véritable travail avec vous…

Les affaires

Ce n'est pas l'image qu'on se fait de la voyance, qu'on imagine toujours plutôt réservée à des gens modestes, donc supposés naïfs et crédules, et c'est pourtant sans doute l'un des domaines dans lequel la faculté de voyance est la plus évidemment utile. Pour trois raisons majeures :

- la relation voyant-consultant est beaucoup moins ambiguë, plus claire, plus directe, donc souvent plus efficace quand il s'agit de réfléchir à la négociation d'un contrat, la vente d'un immeuble ou le recrutement d'un partenaire, que quand il s'agit de questions amoureuses ou familiales. La demande du consultant est en effet plus objective et plus concrète, plus facile à formuler, avec moins de sous-entendus, et les réponses du voyant sont également plus faciles à accepter ;

- les hommes d'affaires sont d'abord et avant tout en quête d'informations au présent, ou dans un futur proche, pour décider, acheter, vendre, négocier. Et les informations de proximité, c'est bien ce que la voyance fournit le mieux : des informations sur les gens avec qui négocier – clients, fournisseurs, partenaires, collaborateurs potentiels – leurs attentes, leurs intentions ; des informations sur les prix, ce qu'il est possible de demander en plus ou en moins ; des informations sur les contrats en jeu ou l'honnêteté des co-contractants… ;

- sur ces bases éminemment concrètes, la preuve de la réalité, donc de l'efficacité de la voyance, est beaucoup plus facile à établir. La relation de confiance entre le voyant et son client peut se construire ainsi naturellement, sur des bases équilibrées, sans la méfiance, la naïveté ou l'ambivalence qui président trop souvent aux relations entre les deux parties en présence.

Je connais ainsi nombre de patrons d'entreprise à qui la voyance a fait gagner beaucoup d'argent : par exemple en leur permettant de réviser leurs prétentions à la hausse lors de la vente d'une société, ou au contraire en leur permettant de mieux négocier à la baisse lors d'un achat important. En leur permettant de différer une décision d'achat parce que le contexte en était vicié, ou en leur permettant de ne pas s'investir sur un appel d'offres parce que les dés étaient pipés. En leur permettant de comprendre pourquoi un client ne payait pas une facture et comment la récupérer. Ou en leur permettant de mieux comprendre ce qu'un client attendait d'eux et comment le fidéliser... Pour la plupart, ils ne s'intéressent guère à comment c'est possible ; ils constatent seulement que « ça » marche et que c'est très bien ainsi.

La vie quotidienne

Imaginez-vous dans une grande ville, à la recherche d'un taxi à une heure de pointe... Joëlle – je l'ai vécu – pourrait vous dire d'où va venir le prochain taxi libre, donc où l'attendre. Imaginez que vous ayez perdu vos clés. Un voyant pourrait vous dire où elles sont et comment les retrouver. De même que nous avions évoqué dans notre premier chapitre des exemples d'embouteillages, de places de stationnement ou de pannes de voitures, nous pourrions multiplier ainsi les anecdotes sur l'utilité de la voyance au quotidien. Nous pourrions aussi évoquer tous ces cas de voyance immédiate où vous savez ce qui va se produire juste avant que cela ne se produise effectivement. Vous savez qui va vous appeler dans une minute ou deux, vous savez où et quand la voiture qui est devant vous va tourner avant même que le conducteur ait mis son clignotant, vous pensez à un proche avant même de le rencontrer au détour d'une rue voisine, vous savez qu'un ami va arriver en retard... La voyance peut rendre chaque jour de vrais services très simples. Au présent, d'abord et avant tout. Dans une capacité sans cesse renouvelée de faire jaillir des informations exactes au moment où elles sont utiles, là où nos cinq sens ordinaires sont sinon insuffisants...

Les expériences pures

Il s'agit ici d'évoquer des expériences pures de voyance, comme la lecture de textes dans un livre fermé ou la lecture de photos dans une enveloppe scellée, ainsi qu'Alexis Didier pratiquait régulièrement la voyance lors de ses nombreuses démonstrations de « somnambulisme magnétique ». Et que Maud Kristen a parfois pratiqué dans des expériences spécifiques conduites pour des émissions de télévision. Lire dans une enveloppe fermée ne sert effectivement à rien concrètement, puisqu'il suffirait d'ouvrir l'enveloppe pour en découvrir le contenu. À rien... sauf à nous montrer de façon claire, directe et incontestable que quelque chose est possible, et que la faculté de voyance existe, ce qui est déjà beaucoup.

Nous pourrions mentionner également des expériences de lecture sur des objets anciens, ou dans des sites historiques. J'ai ainsi vu Joëlle récupérer des images du passé en touchant de très vieilles pierres, aux arènes d'Arles par exemple, ou encore à Pétra. De même que je l'ai vue capable, en prenant un objet d'art ancien entre ses mains, de parler de son histoire, de ses propriétaires ou des conditions dans lesquelles il avait été endommagé. Ce qui n'a pas de véritable utilité non plus (encore que ce puisse être un outil complémentaire d'expertise pour un acheteur potentiel comme pour un antiquaire), mais participe cependant d'une indéniable poésie dans le rapport au monde. Quand la voyance nous rend le monde plus riche, plus beau, plus évocateur...

Situations d'exception

Ce qui est vrai au quotidien l'est aussi potentiellement dans des situations exceptionnelles ou dramatiques. Sans que bien sûr circulent beaucoup d'informations fiables sur le sujet, on sait que la police ou l'armée, aux États-Unis notamment, mais aussi en France, ne sont pas toujours opposées à utiliser des informations de voyance en appui de leurs investigations.

Lors d'une conférence récente, Maud Kristen déclarait ainsi avoir été consultée par la police quand celle-ci traquait Guy Georges, sans savoir encore qui il était. Et, ce qui est intéressant en termes d'usage de la voyance avec ses possibilités et ses limites, c'est qu'elle dit avoir vu des informations justes et précises, notamment sur l'endroit et la façon dont il vivait, mais sans pour autant avoir pu aider à l'identifier ou à le localiser. Lors d'une émission de télévision sur la chaîne Direct 8, une voyante disait de même aider régulièrement la gendarmerie locale, même si nous n'avons pas vraiment su ni où ni comment. L'exemple de l'héroïne de la série *Medium* est également intéressant, puisque issu de l'histoire vraie d'Allison Dubois, médium aujourd'hui très connue aux États-Unis, sujette à des visions dès son plus jeune âge, qui décida de délaisser sa carrière d'avocate pour mettre ses flashs au service de la justice et travailla ainsi réellement pour le bureau du procureur de Phoenix.

L'armée, qui s'intéresse plus aux résultats concrets qu'à la façon de les obtenir, semble avoir aussi utilisé les services de voyants. J'ai ainsi croisé un télépathe qui disait travailler au ministère de la Défense et un médium et un radiesthésiste qui déclaraient avoir travaillé pour le GIGN, notamment lors d'enquêtes sur des personnes disparues. On dit de même que le KGB a réalisé de nombreuses expériences avec des sujets doués. Et on a beaucoup parlé à une époque de l'opération Stargate, qui a permis dans les années 1970 à l'armée américaine de tester un petit groupe de médiums chargés de missions de voyance à distance pour compléter des données fournies par les satellites et les espions. Joseph McMoneagle, sans doute le plus célèbre des voyants de l'opération Stargate, a déclaré publiquement avoir participé ainsi à près de quatre cent cinquante missions. Au fond, c'est logique. Comme la voyance est capable de fournir rapidement et simplement des informations précises, il est normal que ceux qui par nature cherchent des informations cruciales s'y intéressent de près…

La maladie, l'accident, la mort

La réticence à utiliser la voyance, la peur de la « mauvaise nouvelle » – maladie, accident, décès… – pour soi ou pour ses proches, revient régulièrement quand on interroge les gens sur les raisons pour lesquelles ils ne consultent pas de voyants. Comme si consulter un voyant, tirer les cartes, s'aventurer ainsi de l'autre côté d'une frontière subtile entre visible et invisible équivalait à ouvrir une boîte de Pandore dont on ne sait par avance quels maux vont s'échapper…

Pourtant, les cas correspondants sont heureusement rares, et les voyants nécessairement très prudents[1]. À quoi servirait de parler de l'inéluctable ? À moins que la question ne soit clairement posée par rapport à un proche très malade, que la situation semble véritablement sans autre issue et que celui qui a posé la question soit réellement prêt à entendre la réponse. Sinon, si l'accident ou la maladie apparaissent en voyance, c'est sans doute justement qu'ils doivent être évoqués… parce qu'ils peuvent être évités, ou dépistés et

---

1. Ce n'est pas toujours le cas, en revanche, de ceux qui manipulent les tarots en amateur et dont certains, par imprudence, par maladresse, parfois aussi de façon plus manipulatrice, se permettent d'évoquer la maladie et la mort comme s'ils savaient de quoi ils parlaient. Mais il ne s'agit plus ici de voyance, seulement de l'usage inconsidéré des cartes… et de la parole !

guéris plus rapidement. La peur de la mauvaise nouvelle ne se justifie donc pas concrètement. Elle parle en fait moins de la voyance que de notre peur de l'avenir. À moins que ce ne soit pour beaucoup une façon détournée d'exprimer justement... la peur de la voyance elle-même ?

Arts divinatoires et questions spécifiques

Rappelons simplement, pour commencer, que nous avons regroupé sous le terme « arts divinatoires » l'ensemble des supports de voyance organisés – Yi Jing, tarots, runes... –, leurs significations et leurs pratiques, de même que les diverses mancies : géomancie, chiromancie, divination par l'observation du plomb fondu ou du marc de café...

Il ne s'agit cependant pas ici de décrire les différents supports et leurs techniques d'utilisation potentielle, mais seulement de se poser la question de ce qui est réellement à l'œuvre, dans un tirage de cartes par exemple, et du lien qu'entretiennent ces pratiques – certaines fort répandues, d'autres moins –, avec la faculté de voyance à proprement parler.

Le rôle des supports

De nombreux voyants utilisent des supports, de façon ponctuelle ou systématique. Cartes classiques (tarot de Marseille, oracle de Belline) ou dessinées par leurs soins, photo du consultant prise avec un Polaroïd, boule de cristal ou runes celtes, les supports concernés peuvent être ainsi très différents, ancrés dans des traditions très anciennes ou au contraire totalement improvisés. D'autres pourtant accèdent directement aux informations sans se servir d'aucun support pour les visualiser ni pour « cristalliser » leurs ressentis.

Il est donc évident que ce n'est pas le support qui fait la faculté de voyance. La faculté de voyance est parfaitement capable de se déployer seule, sans aucun intermédiaire. Quand vous voyez apparaître la personne à laquelle vous veniez justement de penser, vous n'avez eu besoin d'aucun cristal extérieur pour pressentir la rencontre. Et quand Joëlle me décrit à distance quelqu'un qu'elle n'a encore jamais vu, elle n'utilise aucun support non plus. Elle se « contente » d'accéder psychiquement à l'information correspondante. Au mieux les supports peuvent-ils donc aider ceux qui les utilisent à accéder plus facilement à leur propre faculté de voyance, à sécuriser ce qu'ils devinent ou pressentent et à mieux faire la part toujours délicate entre informations de voyance et imaginations personnelles. Des supports comme les tarots ou les runes peuvent également permettre au voyant de s'inscrire dans une lignée, une tradition, une continuité qui, en légitimant sa propre pratique, lui rend la voyance plus acceptable. Ils peuvent enfin servir à restituer l'information au consultant sous une forme plus poétique, plus indirecte et moins abrupte que si elle sort directement de la bouche – et de la psyché – du voyant…

À ce titre, et quoi que certains en pensent[1], les arts divinatoires ne présentent bien sûr aucun pouvoir en soi. Certains, comme les tarots, sont des objets culturels très élaborés, et à ce titre ont un intérêt propre. D'aucuns témoignent aussi des liens très anciens entre pratiques divinatoires et origine

---

1. Autant la voyance a suscité relativement peu d'écrits, autant les arts divinatoires ont généré de très nombreuses publications.

même de l'écriture, tels les runes ou le Yi Jing. Mais aucun support n'est pour autant magique, et tout peut même devenir support si on veut bien le considérer ainsi. Certains utilisent la Bible avec succès, en l'ouvrant « au hasard » pour y trouver des conseils ou des points d'appui, sans que la Bible n'ait jamais été conçue pour cet usage. De même que l'une de mes amies, cantatrice, obtient ses réponses en utilisant *La Légende des siècles* de Victor Hugo, sans que ce dernier y soit sans doute pour grand-chose. Les cartes, en effet, ne répondent pas. Ce sont des cartes. De même, la boule de cristal ne parle pas. Elle aide seulement – littéralement – celui qui l'utilise à « cristalliser » ses ressentis.

Quand un voyant utilise les runes ou les tarots, et qu'il en soit conscient ou non, on peut donc légitimement penser que c'est sa faculté de voyance qui est en jeu et la façon dont il lui est possible, agréable, naturel de la déployer en utilisant des systèmes symboliques élaborés. En revanche, la question devient plus subtile – et donc plus intéressante – quand il s'agit de l'usage fait des tarots, par exemple, par quelqu'un qui *a priori* n'est pas voyant, ou tout au moins ne connaît pas cette dimension de lui-même, ne l'a jamais reconnue ni actualisée... D'où vient alors la réponse qui lui est offerte par les cartes ? Que peut-il en comprendre ? Cette réponse a-t-elle un sens qui échappe au seul hasard ? Et d'où ce sens proviendrait-il ?

Tarots, runes, Yi Jing et voyance pour soi

De tous les supports de voyance ou de « divination » potentiels, le Yi Jing est le plus intéressant. Non parce que c'est le plus ancien – le Yi Jing aurait été élaboré il y a environ trois mille cinq cents ans, et peaufiné ensuite par des générations de lettrés chinois –, mais parce que, de tous les systèmes divinatoires, il est le seul à nous offrir un texte en appui, relativement détaillé qui plus est. Là où les runes ne sont que des figures simples (un alphabet, en fait), là où les tarots nous offrent essentiellement des images (avec un chiffre et un titre par arcane majeur), là où le marc de café, les lignes de la main ou le plomb fondu ne nous proposent que des figures limitées, des traces, des empreintes, le Yi Jing nous offre un point d'appui beaucoup plus précis, au travers notamment de conseils d'attitudes, rédigés de façon parfaitement explicite[1] : « Ainsi l'être accompli en donnant consistance à ses paroles donne constance à son activité. » (Hexagramme 37, Gens du clan), « Ainsi l'être accompli, en faisant retour sur lui-même, aiguise sa conduite. » (Hexagramme 39, Obstruction), « Favorisant. Il est profitable d'employer les procédures judiciaires. » (Hexagramme 21, Mordre et unir), « Impasse pour des expéditions, aucun lieu n'est profitable. » (Hexagramme 54, Le mariage de la cadette[2]), pour ne citer que quelques exemples qui disent bien la relative précision des informations données ainsi que

---

1. Rappelons que le Yi Jing est formé de 64 figures à six traits, avec chacune un nom et un texte associés, ainsi qu'un texte associé à chacun des traits. Ces 64 hexagrammes correspondent aux 64 façons différentes de combiner six fois deux positions de base, un trait plein et un trait interrompu, signifiant ainsi visuellement le changement permanent, l'alternance du jour et de la nuit, de l'été et de l'hiver, ou plus symboliquement du yin et du yang. L'alphabet de base du Yi Jing est ainsi plus riche que celui des runes, qui ne comporte en base que 25 signes simples. Il propose surtout un système fermé, complet, ordonné, à la fois en textes et en images, susceptible ainsi de mieux réconcilier tradition et modernité, cerveau gauche et cerveau droit, Orient et Occident, raison et voyance…
2. Les traductions citées du texte du Yi Jing correspondent au texte français établi par Cyrille J.-D. Javary et Pierre Faure *Yi Jing, le livre des changements*, publié chez Albin Michel. Pour en savoir plus sur les origines du Yi Jing, voir également le *Discours de la tortue*, de Cyrille J.-D. Javary, toujours chez Albin Michel.

le caractère bien différencié des conseils proposés pour chacune des situations décrites.

Quand je tire le Yi Jing – en maniant des baguettes, en lançant des pièces de monnaie ou même, pourquoi pas, en ouvrant le livre « au hasard » –, j'obtiens donc une réponse, écrite, précise, incontestable. Cette réponse pourrait n'être cependant qu'une coïncidence plus ou moins heureuse, et les esprits les plus sceptiques n'y verront effectivement rien d'autre. Aucune correspondance récurrente entre question et réponse ne saurait être suffisamment explicite pour emporter définitivement l'adhésion cartésienne. Pourtant, tous ceux qui pratiquent régulièrement savent – aussi étrange que cela puisse paraître en première intention – que les réponses ont très souvent un sens direct et lisible, parfois évident parfois moins, mais toujours explicitement connecté avec la question posée, sinon la préoccupation qui la sous-tend.

Au printemps 1995, j'ai ainsi vécu une expérience, pour moi fondatrice. Je la mentionne ici parce qu'elle est à la fois très explicite et en même temps banale pour tous ceux qui utilisent souvent les cartes ou le Yi Jing. Je venais de rencontrer dans un cadre professionnel une jeune femme avec qui j'avais eu d'emblée une relation très forte et très évidente, mais sans que je sache pour autant à quel niveau – amical, amoureux, fraternel... – elle pouvait et devait se situer. Je pose donc au Yi Jing la question « Comment dois-je l'approcher ? » (En réalité, on devrait écrire « Je me pose la question à moi-même par le détour du Yi Jing », mais j'emploie ici délibérément la formulation usuelle.) Question à la fois naturelle dans le fond compte tenu du contexte, mais pour moi étonnante dans la forme, car « approcher » est un mot que je n'avais sans doute encore jamais employé dans un tel sens. Je lance alors six fois trois pièces de monnaie et j'obtiens justement en réponse l'hexagramme... « Approche » ! Réponse étonnante dans l'instant, dans l'étrange résonance directe entre la question et le texte obtenu en regard, d'autant plus étrange que – peu familiarisé encore avec cette traduction du Yi Jing – je ne savais même pas clairement qu'il y avait un hexagramme ainsi dénommé. Mais réponse surtout étonnante parce que, *a posteriori*... parfaitement juste. L'hexagramme en question parle en effet d'une situation « fondamentalement favorisante », qu'il convient surtout d'encourager, de laisser se développer. Et la relation concernée va effectivement se développer et s'enrichir de façon très positive et très naturelle. Mais aussi parce que le texte évoque précisément le conseil suivant : « Ainsi l'être accompli, inépuisable dans son affectueux souci d'enseigner, est au-delà des frontières dans son tolérant accueil des gens. » Et que, malgré nos différences – d'âge notamment –, c'est effectivement dans une relation de « grand frère à petite sœur », de coaching affectueux, que la relation s'épanouira durablement...

Difficile, dans ces conditions, de plaider pour de simples coïncidences. D'autant que, *a contrario*, la seule fois en près de vingt ans de pratique où, à l'inverse, je me suis dit : « Cette réponse n'a aucun sens », j'ai réalisé en reprenant mes notes de tirage... que je m'étais trompé d'hexagramme. À moins de vouloir vraiment considérer que le livre soit magique ou de dénier toute corrélation possible entre questions et tirages malgré les faits constatés, force est de reconnaître que le Yi Jing, comme les cartes ou les runes, semble fonctionner de fait... comme un support de voyance pour soi ! Comme si des supports auxquels nous attachons une importance, à qui nous accordons une forme de crédit, parce que nous leur accordons une forme de crédit justement, nous permettaient ainsi, sans même que nous en soyons clairement conscients, de nous connecter malgré nous à la part la plus lucide de nous-mêmes. C'est peut-être justement ce qui, pour beaucoup, rend la situation fascinante. Même s'ils préfèrent souvent projeter cette fascination sur l'objet, sur le support lui-même. Faute de pouvoir encore la reconnaître en soi ?

Expériences, questions et hypothèses

Quand il s'agit ainsi d'arts divinatoires, et contrairement à la voyance pure, autant les expériences sont faciles à réaliser, autant les preuves de leur véracité sont difficiles à établir. Le lien entre une situation personnelle, une question propre et un tirage de tarots reste éminemment sujet à interprétation, donc toujours à doute et à caution. Et même si celui qui a posé la question paraît satisfait de la réponse obtenue et la reconnaît bien comme sienne, on pourra toujours arguer qu'il a voulu faire un lien, envers et malgré tout, parce qu'il est convaincu *a priori* de la possibilité d'une correspondance. Ou alors, comme certains disciples supposés de Jung, se contenter d'évoquer seulement l'idée de « synchronicité », concept éminemment paresseux qui se contente d'habiller d'un joli mot complexe, d'apparence scientifique, des faits dont on ne sait simplement expliquer la coïncidence troublante…

Pour tenter d'en savoir un peu plus, nous avons donc largement contribué, Joëlle et moi, en 2005 et en 2006, à l'organisation et à l'animation de trois expériences de confrontation Yi Jing-tarots-voyance. Lors de chacune de ces expériences, trois personnes (que Joëlle ne connaissait pas) ont posé chacune une question personnelle, successivement lors d'un tirage de tarots, d'un tirage de Yi Jing et d'une mini-consultation de voyance. Les trois interrogations parallèles étaient pratiquées dans trois pièces différentes. L'interprétation du Yi Jing et des tarots était assurée par des spécialistes incontestés, la voyance pratiquée par Joëlle, en direct, sans support et sans questions. Elle se contentait, après que le consultant ait formulé sa question à haute voix, de le regarder et de noter ce qui lui venait à l'esprit. Chacun rédigeait ainsi ses conclusions de son côté, avant de les confronter en public, pour éviter toute influence réciproque. Les neuf personnes en jeu se sont donc trouvées confrontées à trois réponses possibles à leur question, élaborées au même moment, de façon totalement parallèle, face à trois « disciplines » divinatoires et trois interprètes différents. Les neuf ont trouvé le résultat convaincant. Pour chacun, comme pour tous les observateurs présents à chaque fois – y compris plusieurs psychiatres –, les éléments de cohérence et de convergence paraissaient très supérieurs aux éléments de divergence, même si chaque « discipline » divinatoire a bien sûr ses caractéristiques propres, et chaque interprète une façon personnelle d'élaborer et de transmettre les éléments d'informations correspondants. Le Yi Jing se situe surtout « ici et maintenant », et tend à formuler plutôt des conseils pratiques d'attitude opérationnelle. Le tarot, interprété ici selon l'école d'Alessandro Jodorowsky, s'intéresse plus aux fondements, aux soubassements psychiques de la situation en jeu. La voyance a la faculté de se déplacer plus librement des causes aux conséquences, et réconcilie souvent naturellement les deux dimensions concernées.

Là encore, cependant, rien ne permet d'affirmer avec certitude la véracité des tirages de Yi Jing ou de tarots, ni que la convergence constatée n'est pas – au moins en partie – le produit de notre envie de cohérence. Toutefois, le simple fait qu'il n'y ait eu aucune contradiction, aucune dissension majeure lors des neuf expériences successives, et que le Yi Jing et les tarots aient bien approché l'un et l'autre les éléments de réponse fournis par la voyance, accrédite plutôt l'idée que de tels supports divinatoires jouent bien le rôle d'intercesseurs, d'outils de voyance pour débutants, c'est-à-dire pour tous ceux – comme vous et moi – qui n'ont pas (encore) actualisé en eux la capacité correspondante.

Le tarot, par exemple, pour ne citer que le support le plus pratiqué en France aujourd'hui, serait ainsi une sorte de médiateur. Médiateur entre la partie de moi qui sait, en profondeur, et celle, à la surface, qui ne sait pas encore, permettant à une forme de connaissance inconsciente, présente mais pas lisible dans les conditions ordinaires, d'accéder de fait à la conscience, donc d'être lue et reconnue comme telle.

De même qu'Alexis Didier savait lire dans un livre les yeux bandés, de même que nombre de voyants savent capter des informations sur une photographie pourtant dissimulée dans une enveloppe fermée, nous serions donc tous capables de choisir la ou les « bonnes cartes » dans un jeu étalé devant nous, celles qui parlent effectivement de notre état psychique du moment, celles qui correspondent effectivement à la question que nous avons posée. Ce qui accréditerait bien l'hypothèse – sur laquelle nous reviendrons de façon plus détaillée dans le chapitre suivant – que nous sommes potentiellement tous voyants, que la voyance n'est qu'une faculté ordinaire de l'homme, qu'il lui appartient seulement de reconnaître et d'actualiser. Et que, tant qu'il ne l'a pas complètement compris, accepté et intégré, il peut seulement avoir besoin d'états particuliers ou de supports spécifiques pour y avoir accès plus facilement. Les plantes hallucinogènes et les transes chamaniques, l'hypnose des expériences de « somnambulisme magnétique », les runes ou les tarots joueraient ainsi le même rôle symbolique de médiation. Médiation non pas tant entre deux dimensions du monde qu'entre deux dimensions de nous-mêmes, l'une plus évidente, l'autre moins consciente.

Dans ces conditions, les supports divinatoires et tous les discours qui les accompagnent ne constitueraient au fond qu'une sorte de projection. Projection à l'extérieur de nous-mêmes d'une faculté, d'une possibilité, d'une capacité pourtant inhérente à l'être humain, sur des objets, des systèmes culturels, des états particuliers, voire des êtres prétendument touchés d'une sorte de grâce. Comme si quelque chose en nous avait toujours refusé – par peur ? par interdit ? par étonnement ? – de considérer en face la possibilité simple, directe et parfaitement positive de pouvoir accéder nous-mêmes, quand nous en avons besoin, aux informations qui nous sont utiles…

Les limites de la voyance

Si la faculté de voyance existe, si elle témoigne de la richesse de nos potentialités, si elle permet d'accéder directement à de nombreuses informations utiles et vraies (et d'autant plus utiles qu'elles sont plus vraies), elle reste cependant limitée, comme toutes les facultés humaines : limitée dans ce qu'elle est capable de percevoir, limitée par celui qui la porte, limitée encore par les possibilités de restitution et d'échange que la relation voyant-consultant va permettre. Aussi étonnante que puisse être la voyance, on ne saurait non plus tout lui demander…

Les limites de la faculté de voyance

Les limites de la voyance sont d'abord les limites de la faculté elle-même. Et les limites de la faculté de voyance tiennent surtout à la façon dont elle s'exprime en réalité chez celui qui l'incarne. Car si le voyant capte manifestement des informations, souvent profondément exactes, il n'obtient pas pour autant l'équivalent de films entiers, ni de dépêches détaillées. Même si sa qualité de restitution est parfois bluffante, même si les meilleurs donnent parfois l'impression d'être munis d'une oreillette dans laquelle on ne sait quel informateur leur soufflerait les réponses exactes depuis on ne sait quelles coulisses, le voyant ne « voit » pas ce dont il vous parle comme on consulte un plan ou comme on lit un journal.

Certains captent ainsi des images, mais souvent éparses, précises mais fragmentaires, sans contextes toujours clairs. D'autres perçoivent plutôt des sons, des paroles ou encore des ressentis, exprimés physiquement sous forme d'émotions (peur, tristesse, joie...) ou de sensations (froid, douleur...). Certains captent des informations sous forme de symboles (un bourgeon exprime le printemps ou le début de quelque chose, une croix peut exprimer la religion ou la mort...), d'autres de façon plus directe. De même que nous sommes tous différents dans nos modalités de perceptions sensorielles (plus visuels ou plus auditifs, plus analytiques ou plus globaux...), de même que nous avons tous une façon particulière de crypter nos rêves à partir de nos vécus, nous avons manifestement tous aussi des modes spécifiques de perceptions extra-sensorielles. Joëlle, par exemple, récupère des informations très claires, comme si elle captait directement les réponses aux questions qui lui sont posées, alors que d'autres décrivent plutôt ce qu'il est convenu d'appeler des « flashs » de voyance, c'est-à-dire des images soudaines extrêmement précises. Dans le cours de voyance auquel j'ai participé, l'une des élèves captait des mots, des paroles, des bribes de phrase alors que je captais plutôt d'abord des ressentis – une tristesse dans la poitrine, par exemple, qui ne m'appartenait pas – puis des images, par exemple une femme seule à sa fenêtre…

Mots, images, sensations, symboles, le voyant capte des informations, mais il est rare que celles-ci produisent d'emblée un tableau complet détaillé ; ce serait trop facile. Il obtient des notations, des bribes, des images partielles, comme des indices qu'il lui appartient ensuite d'interpréter, de recouper, de préciser, de confronter, afin de se fabriquer petit à petit une vision exacte de la situation en jeu. Une partie importante de l'apprentissage de la voyance consiste ainsi à apprendre à repérer, à comprendre, à décoder ce qui est reçu, jusqu'à ce que l'enchaînement « je perçois – je décode – j'interprète – je comprends – je peux restituer l'information d'une façon claire, exacte et cohérente » soit devenu naturel. C'est aussi pourquoi le voyant a quelque part toujours besoin du consultant pour confirmer ses premières informations, valider la qualité de son interprétation et l'aider à affiner ses perceptions, sans que ce soit pour autant de la manipulation mentale, de l'escroquerie ou du mentalisme. Et c'est pourquoi, de même, toute expérience scientifique classique reste délicate à conduire quand il s'agit de voyance, dès lors que les informations délivrées sont rarement des informations objectives, précises et neutres, que la plupart sont par nature sujettes à interprétation, et donc à doute. C'est enfin pourquoi le risque d'erreur n'est jamais nul, même sur des socles d'informations de voyance exactes.

Deux exemples très simples, issus directement de nos expérimentations propres, illustrent bien comment, même précise, la voyance ne saurait être une science exacte. Et comment elle comporte toujours un risque d'erreur dans l'interprétation et la restitution, même sur une base d'informations correctes avérées :

- l'un de mes amis, président d'un club de football, interroge récemment Joëlle sur les entraîneurs de ses différentes équipes de jeunes. Il lui soumet un nom en particulier. Joëlle le voit spontanément entraîner une équipe d'hommes mûrs, la trentaine ou la quarantaine, alors qu'il entraîne pourtant l'équipe première du club, des jeunes d'une vingtaine d'années. Pourquoi cette erreur ? Parce que Joëlle a capté en voyance le mot « senior ». Or cette information est parfaitement exacte. Effectivement, l'homme entraîne l'équipe senior... c'est-à-dire, dans un club de formation de jeunes footballeurs, l'équipe des plus de dix-huit ans et non celle des vétérans comme Joëlle l'a interprété et restitué un peu vite, interprétant seulement, dans un contexte qu'elle ne connaissait pas, le mot « senior » dans son sens aujourd'hui usuel de « plus âgé »... ;

- il y a quelques années, par jeu, je demande à Joëlle si elle peut deviner (deviner, devin, divination...) le métier du père de l'un de mes clients avec qui j'avais déjeuné ce jour-là. Elle voit aussitôt des images de paysages « vus d'en haut », des champs, des bois, des collines. L'information lui semble précise et fiable, mais elle ne sait rien en conclure, puisqu'elle ne voit pas le rapport entre la campagne vue en surplomb, comme par un oiseau, et le métier potentiel d'un homme aujourd'hui à la retraite. Il y en a pourtant un... il était pilote de chasse.

Autre niveau, autre limite, la voyance vit avec le temps un rapport particulier qui constitue à la fois l'une de ses caractéristiques essentielles... et l'une de ses difficultés majeures. La faculté de voyance, qui quelque part ignore le temps, ne saurait en effet le restituer de façon précise et linéaire, puisque justement une part de son art tient à sa capacité de s'en affranchir. Si la voyance sait ainsi se déplacer dans le passé comme dans le futur probable, elle ne sait souvent pas très bien dater les événements. Elle accède facilement à des scènes qui ont eu lieu dans le passé, elle pressent et décrit des dynamiques à l'œuvre, mais ne sait la plupart du temps les situer que de façon vague et approximative. Des symboles donnent parfois au voyant une idée du moment où un événement donné pourrait arriver ; une sensation de plus ou moins grande urgence, de plus ou moins grande proximité peut éclairer un calendrier, mais tous le disent néanmoins, consultants comme voyants, l'indication précise du moment ne fait pas partie des atouts les plus évidents de la voyance. Elle exige ainsi prudence pour les uns, patience et détachement pour les autres. La voyance donne des indications, elle ne répond pas à notre place. Elle nous éclaire sur ce qui est à l'œuvre, sur ce que nous avons créé, souvent sans en être conscients nous-mêmes, sur ce qui pourrait donc se produire et à quel horizon logique, elle ne nous lit pas l'improbable programme que le destin nous aurait déjà concocté par avance. Bien sûr, il y a et il y aura des exceptions à cette règle, bien sûr il est parfois possible de dater avec succès un événement donné, mais il n'en reste pas moins vrai que la recherche de datations précises en voyance reste souvent décevante.

Enfin, et même si nous l'avons déjà longuement évoqué, nous ne pouvons que rappeler ici la délicate question de la prévision du futur. Selon nous, le futur n'existe pas ; il ne saurait donc être lisible avec certitude. Et si la voyance sait établir à un instant donné la photographie d'une situation, de sa dynamique et de son déroulement probable, elle ne saurait prévoir tout ce qui peut s'interposer ensuite, ni dénier notre libre arbitre. Rien ne saurait nous empêcher – si ce n'est nous-mêmes – de changer de cap, de modifier nos programmations, pour faire évoluer la photographie de la situation donnée, donc sa dynamique et son aboutissement possible, et nous conduire ainsi librement vers d'autres futurs imprévus, que la prédiction posée ne saurait bien sûr interdire…

Les limites du voyant

Les limites de la voyance sont ensuite les limites de celui ou de celle qui l'exerce. Comme il n'y a pas d'expérience de voyance sans voyant, il n'y a pas de parole de voyance sans une intercession humaine, donc sans filtre et sans interprétation.

Or, force est de reconnaître qu'être voyant ne dit rien en soi de la sagesse, de la profondeur, de la bienveillance, de l'intelligence ou de la pertinence de celui qui a découvert en lui la faculté correspondante. Sans finesse, sans prudence, sans nuances, sans empathie véritable, le résultat peut ainsi sembler pauvre, brutal, inutile.

Être capable de voir un peu, parfois, ne dit rien non plus de l'intensité de la faculté de voyance, ni du travail effectué pour l'actualiser correctement. Pour certains, qui pensent que « c'est un don » et que « ça ne s'apprend pas », l'idée même de travail, d'apprentissage, d'actualisation ne semble pas avoir un sens très clair. Capter, qui plus est, ne veut jamais dire tout capter. Et certains donnent ainsi l'impression d'une faculté instable, partielle, hésitant entre intuitions brillantes et erreurs grossières. Sans même compter que la distinction – à l'intérieur de soi – entre les fonctions mentales ordinaires (imagination, pensées, jugements…) et les informations de voyance n'est pas si facile à faire. La voyance est ce qui vient d'abord, avant tout, de façon absolument libre et spontanée, avant que le mental ne s'en empare, ne commence à expliquer, refuser, rassurer, exiger, s'inquiéter. Mais c'est un véritable apprentissage que de savoir repérer ainsi les signaux de voyance, et à ne pas les confondre avec nos désirs et nos peurs. C'est aussi pourquoi il est souvent si difficile pour un voyant de voir pour lui-même. Car si la distinction lui est relativement aisée quand il est en face de quelqu'un dont il ne sait rien, n'attend rien, ne craint rien, elle lui devient logiquement beaucoup plus compliquée quand il est lui-même en jeu…

Être voyant, le prétendre, en faire son métier, ne dit rien du détachement de celui qui pratique la voyance, ni de sa capacité à accepter ce qu'il reçoit sans l'entacher de ses propres préjugés. La médiocrité de certaines situations de confrontation à la voyance tient souvent moins aux limites supposées d'une faculté dont nous hésitons toujours à reconnaître la vérité qu'à la façon dont elle est portée, incarnée, transmise, utilisée. La voyance, pour prendre sa pleine dimension, exige en effet de vraies qualités d'honnêteté et de maturité. Certes, le voyant est d'abord un canal et les informations qu'il reçoit – qui ne lui appartiennent pas – sont potentiellement neutres et vierges au moment où il les capte, libres de toute projection. Mais entre le moment où il les capte et le moment où il les reformule, existe la possibilité pour lui d'y poser ses propres peurs, ses *a priori*, ses comptes à régler. Quand un voyant vous parle de celui ou celle avec qui vous vivez, ce qu'il voit de vous, de l'autre, de la dynamique à l'œuvre est une chose, ce qu'il pense lui-même du mariage, des femmes, des hommes et de leurs relations en est une autre. Et si la première est seulement fonction de ses qualités de voyant, la seconde l'est surtout de son vécu personnel. Or, tous ne font pas toujours le distinguo et certains peuvent très bien mélanger ce qui leur appartient et ce qui ne leur appartient pas, ce qui est information et ce qui est un préjugé, sans qu'il soit très facile de distinguer l'un de l'autre. Ce qui n'est d'ailleurs pas propre à la voyance ; le risque existe aussi avec un thérapeute, un coach ou n'importe qui dans une position de ce type. Seulement, le risque est ici d'autant plus élevé qu'aucune formation ne vient prévenir le risque en amont – tous les vrais thérapeutes ont été formés à ce qui se joue dans une situation d'écoute, mais aucun voyant ne l'a été en tant que tel –, que le cadre même de la rencontre est souvent mal défini et que la qualité d'informations auquel le voyant accède en direct peut lui conférer un crédit, donc un pouvoir, supplémentaire.

L'intégrité, la profondeur, le travail que le voyant a accompli sur lui-même deviennent dès lors essentiels de même, à un autre niveau, que son expérience des situations humaines dont il est question lors de la consultation. L'exemple de l'équipe de football « senior » le dit bien. Comme dans tous les métiers de conseil, il est tout de même plus facile[1] de penser correctement ce que l'on connaît que ce dont nous ignorons le vocabulaire, les logiques et les spécificités. Même si la voyance permet dans tous les cas d'obtenir en direct des informations exactes, la dimension d'interprétation des informations fragmentaires reçues donnera toujours de meilleurs résultats si le voyant connaît mieux ce dont il est question. De même que la dimension d'accompagnement inhérente à la situation même d'échange et de dialogue avec le consultant ne sera pas la même si le voyant sait de quoi il est en train de parler, ou s'il n'en a qu'une idée très vague.

Enfin, le fait pour un voyant d'avoir actualisé sa faculté ne dit rien non plus de ses qualités de communicant, de sa capacité à transmettre et à reformuler. C'est pourtant d'autant plus important que, comme dans tous les métiers de conseil et d'appui, recevoir, comprendre, élaborer une information juste est une chose, savoir la transmettre, puis

---

1. Il y a une vingtaine d'années, j'ai suivi des cours de graphologie jusqu'à l'obtention d'un diplôme. La question s'y posait aussi dans les mêmes termes, notamment quand la graphologie était utilisée dans des contextes professionnels, en appui de recrutements. Un graphologue, même expérimenté, s'il connaissait trop mal les postes en jeu et ce qu'ils requéraient vraiment comme qualités potentielles, pouvait en effet très facilement, à partir d'une analyse techniquement juste, aboutir à des conclusions parfaitement erronées, en confrontant son analyse non à la réalité de la situation, mais à la vision parfois schématique qu'il s'en était fabriquée *a priori*. Il est en effet difficile de juger l'adéquation d'un candidat avec un poste de comptable par exemple, si l'on ne se fait qu'une représentation caricaturale de ce qu'est la comptabilité. Le voyant est mieux à même d'éviter cet écueil, car il est *a priori* capable d'accéder directement aux différents aspects de la situation en jeu, mais le risque de « mésinterprétation » reste cependant réel…

permettre à l'autre de se l'approprier en est clairement une autre. Ce qui se joue à ce niveau n'est pas propre à la voyance, mais n'en demeure pas moins essentiel. Pour un conseiller, quel qu'il soit, être juste, avoir raison n'est jamais suffisant. Encore faut-il, pour être vraiment efficace, faire en sorte que l'autre nous entende, nous comprenne et puisse faire ensuite un usage correct de ce qu'il aura compris.

Les limites de la situation de consultation

Les limites de la voyance sont enfin les limites de la situation même de consultation, c'est-à-dire d'une situation très particulière de relation entre un individu (le consultant), en attente ou en demande, et un autre (le voyant) censé être capable de lui donner les informations, les réponses qu'il attend.

La relation voyant-consultant[1] est en effet toujours une relation délicate parce que c'est une situation de communication interindividuelle, et que les questions de communication sont toujours complexes. Et peut-être d'autant plus complexes ici, que ce qui est en jeu reste souvent mystérieux, même pour les parties en présence. Entre deux individus qui se connaissent bien, les mots sont déjà souvent trompeurs. Mais entre un voyant et un consultant, qui souvent ne se connaissent pas encore ou très peu, le risque

---

1. Cela est vrai de toute situation de voyance « officielle », dans le cadre de consultations rémunérées, mais aussi de toute situation de voyance « sauvage », quand quelqu'un se permet de lire les cartes pour quelqu'un d'autre par exemple. Dès que l'un devient celui qui veut savoir et l'autre celui qui pourrait savoir à sa place, se crée une situation interpersonnelle particulière, qu'il y ait rémunération ou pas, que l'un en fasse son métier ou non.

est d'autant plus élevé que les mots de l'un ne soient pas reconnus par l'autre comme ayant le sens que le premier leur a donné. Il est ainsi, par exemple, tout à fait possible que le voyant capte correctement la situation en jeu, mais vous la restitue d'une façon telle que vous ne la reconnaissez pas. Parce que ce qu'il exprime d'une certaine façon vous est plutôt accessible d'une autre. Ou parce qu'un détail inexact va nous empêcher de reconnaître la réalité qui nous est décrite. D'autant plus facilement d'ailleurs qu'il y a toujours en nous quelqu'un qui ne veut pas croire à la voyance, puisqu'elle contredit la raison, et un autre qui aimerait bien que le voyant ne sache pas lire en lui, ne serait-ce que pour pouvoir rester masqué. L'un de mes amis, bien que devenu depuis un consommateur régulier de voyance, s'était ainsi étonné qu'une voyante – au demeurant connue – lui ait dit un jour au détour d'une consultation qu'il avait vraiment « beaucoup d'argent ». Il ne comprenait pas pourquoi elle avait l'air de le trouver aussi riche alors qu'il estimait ne pas l'être. Il possède en effet « seulement » un grand appartement à Paris, une société plutôt florissante, deux résidences secondaires, une belle voiture, des portefeuilles boursiers (très) conséquents et j'en passe certainement beaucoup dont j'ignore l'existence. Il était donc logique que l'argent soit évoqué rapidement le concernant, d'autant qu'il s'agit effectivement pour lui d'une dimension importante. Mais comme il estime malgré tout ne pas avoir bien réussi – la réussite est une question très relative, et chacun l'estime à l'aune de ses propres critères –, la remarque lui semblait nécessairement erronée. Et bien sûr, il y avait une déception à constater que le voyant était faillible – quelle confiance lui faire s'il se trompe ainsi sur des questions simples ? –, mais aussi une forme de satisfaction à poser ses propres certitudes en face des failles de l'autre…

La relation voyant-consultant, qui est rarement une relation d'information pure, est donc presque toujours une relation de conseil et d'appui, d'autant plus délicate qu'elle est ouverte et mal cernée. Dans un monde qui ne fait aucune place claire à la voyance – si ce n'est au mieux comme interrogation, curiosité, potentialité –, la relation voyant-consultant demeure en effet extrêmement mal définie. Qui est le voyant, au fond, dans le couple de circonstances qu'il forme avec le consultant d'un jour ? Quels sont sa place, son rôle, sa mission ? Un phénomène de foire qu'on vient admirer comme on irait au cirque ? Un « informateur », capable de vous fournir de bons tuyaux de première main ? Un conseil, d'autant plus avisé qu'il détient des informations d'initié ? Un coach, d'autant plus efficace qu'il lit en vous à livre ouvert ? Un thérapeute, d'autant plus subtil qu'il peut distinguer le vrai du faux dans ce que vous allez lui exposer ? Une mère toute-puissante qui sait à votre place ce que vous allez vivre, donc ce que vous devez faire ? Un peu tout cela en même temps ? Sans même parler des dérives réelles que la situation peut générer – c'est l'objet du paragraphe suivant –, la relation reste facilement floue si les deux protagonistes ne sont pas très clairs, à la fois avec eux-mêmes et entre eux. Le contrat de voyance reste quelque part à établir à chaque fois, puisqu'il n'est en rien donné *a priori* par quelque cadre collectif partagé. Sans beaucoup de prudence et de maturité réciproques, la part d'écoute profonde et de vérité potentielle offerte par la voyance peut facilement se transformer de part et d'autre en logiques d'emprises et de dépendances, ou de dénis et de crispations…

Les risques et les pièges

Pour terminer ce chapitre consacré aux usages de la voyance, il nous a semblé important d'évoquer les dérives possibles, les risques, les pièges que la voyance peut également induire. Soyons clairs : il ne s'agit pas ici des risques présentés par la faculté de voyance en elle-même – une faculté de perception en soi ne présente aucun risque, si ce n'est celui d'être moins aveugle et plus juste –, mais bien des risques générés par son usage incorrect ou inconsidéré. Par ceux qui en font pratique ou métier, comme par ceux qui y ont recours. Certains des risques en jeu ne sont pas très différents de ceux d'une situation de coaching ou de thérapie, d'autres tiennent de façon plus spécifique aux caractéristiques propres de la relation voyant-consultant, tous sont malheureusement réels et fréquents, pour autant que nous puissions en juger au travers de nos différentes expériences…

Côté voyant : défenses, emprise et toute-puissance

Il n'est pas facile d'être voyant. Même si la dimension correspondante peut fasciner, même si elle peut rendre de vrais services, même si elle porte en apparence une forme d'élection particulière, elle peut aussi susciter doute, suspicion, défense, sentiment d'isolement. Surtout dans un monde qui vous ignore, vous méprise ou vous suspecte facilement, vous jalouse secrètement, mais ne sait pas vous accepter simplement pour ce que vous êtes et ce que vous captez.

Il n'est jamais facile en effet de porter ce que les autres ont dénié, ni d'incarner ce que les autorités officielles considèrent comme n'ayant pas d'existence. Les procès publics pour sorcellerie ne conduisent plus personne au bûcher, c'est vrai, mais on voit parfois des émissions de télévision qui s'y apparentent encore, dans l'énergie mise à douter de la voyance, à s'en moquer, à s'en défier.

De même, il n'est pas facile de voir ce que les autres ne voient pas, ne savent pas voir, ne veulent pas voir, surtout quand vous êtes le seul dans ce cas, isolé, décalé. Comme il n'est pas agréable non plus de ressentir aussi clairement ce qu'ils pensent de vous, quand ils n'en pensent pas du bien.

Enfin, il n'est pas facile pour un voyant de voir (comprendre, sentir, capter...) ce que les autres pensent... avant qu'ils le sachent eux-mêmes. Une de mes amies, révélée voyante assez jeune, m'expliquait ainsi qu'elle avait à l'adolescence le sentiment très désagréable que tout le monde lui mentait tout le temps. Avant de comprendre, après quelques années, que personne au fond ne lui mentait délibérément mais qu'elle captait seulement des parcelles de vérité personnelle, au-delà des masques et des faux-semblants ordinaires, que les autres ne connaissaient pas d'eux-mêmes. Il nous est parfois arrivé à Joëlle et à moi d'étranges malentendus. Imaginez... Sur une question d'une certaine importance, Joëlle me demande simplement « ce que j'en pense ». Je lui réponds spontanément et en parfaite bonne foi : « Je ne sais pas. » Elle me traite alors aussitôt de « menteur », m'accusant de lui dissimuler ma pensée véritable, d'autant plus indignée que je sais qu'elle est voyante et que mentir à une voyante n'a de fait aucun sens. En vérité, je n'ai pas menti, ni cherché à dissimuler quoi que ce soit. Elle a seulement capté avant moi ce que je ne savais pas encore, parce qu'elle a capté ce que je portais *déjà*... mais dont je n'étais pas *encore* conscient.

Face à ces difficultés indéniables d'une position très particulière, le voyant peut être tenté, s'il n'est pas parfaitement en place, s'il n'est pas complètement au clair avec lui-même – et qui d'entre nous pourrait lui jeter la pierre ? –, par des logiques plus ou moins perverses de défense ou de compensation…

Première d'entre elles, une tentation évidente de toute-puissance. Je vois ce que les autres ne voient pas. Je sais ce que les autres ne savent pas. Je le sais avant même qu'ils ne le sachent. Je suis donc une personnalité d'exception. Ce que je dis a une valeur particulière. Il y a en moi quelque chose de supérieur (qui vient compenser la valeur que l'on n'a justement pas attribuée à ce don particulier qui pourtant marque mon élection). Tout ce que je dis est donc très important, marqué du sceau d'une forme de révélation de l'invisible. De là à se prendre pour une sorte de prophète, il n'y a ensuite qu'un pas dangereux, que certains franchissent parfois quand l'ego s'en mêle, transforme le sentiment d'infériorité en sentiment de supériorité, la peur de ne pas être compris en arrogance. Bien sûr, ce sont aussi souvent ceux-là qui rejettent le plus violemment l'idée que la voyance puisse être une faculté ordinaire…

Deuxième tentation, proche dans l'esprit mais cette fois moins dans la conscience de soi-même et plus dans la relation à l'autre, la recherche d'une emprise sur celui qui me fait face. Toi, tu ne sais pas, moi je sais. Tu es faible, je suis fort. Je suis d'autant plus fort que tu es plus faible. Car j'ai le pouvoir de savoir à ta place, de te dire qui tu es, ce que tu dois faire et pourquoi. Je cherche ainsi à prendre le contrôle de l'autre, à le dominer pour mieux me rassurer, me conforter, me valoriser. C'est la détresse de l'autre, son besoin, son ignorance qui me nourrissent. Je dis que j'aime les autres et que je veux les aider ; en réalité j'ai besoin de leur souffrance pour mieux exister.

Troisième tentation, à l'inverse, vouloir vraiment aider, se sentir utile, faire de la faculté de voyance une chance, un don, une bénédiction. À tout prix. Mais ce que je vois n'est pourtant pas toujours plaisant. Et ce qui est juste – dans les deux sens du terme –, l'autre ne veut ou ne peut parfois pas l'entendre, et je ne veux pas le faire souffrir. J'ai envie de lui faire plaisir. J'ai envie de lui remonter le moral. Je donne ainsi à l'autre ce qu'il a envie d'entendre, je capte ses désirs pour mieux lui en présenter le miroir, je préfère sa vision du monde à la réalité. Et c'est vrai qu'il y a des consommateurs de voyance qui, effectivement, vont « chez le voyant » comme on va « chez le coiffeur », se recharger narcissiquement, pour qu'on s'occupe d'eux et qu'on leur dise que tout va bien se passer. Certains le croient, d'autres n'en sont pas dupes. Dans une relation, il n'y a jamais de victime, seulement des complices. Et les dérives du voyant sont inséparables ainsi de celle du consultant…

Quatrième tentation enfin, parmi celles que nous avons pu constater de fait, une tentation plus spécifique à la voyance que nous pourrions appeler « défensive-agressive ». Je vous dis quelque chose grâce à mes facultés propres et vous ne le croyez pas ? Vous doutez de ce que je dis ? Vous refusez de l'entendre ? C'est donc que vous refusez la voyance elle-même, comme tous ces ignorants rationalistes. En refusant la voyance, vous m'agressez, puisque je me suis identifié à la faculté que j'incarne. Je vais donc vous montrer ce qu'il en coûte de ne pas croire un voyant. Je vais vous dire tout ce que vous ne voulez pas voir, vous le jeter à la figure, en rajouter pour être bien sûr que vous vous en souviendrez. Vous doutez que votre fille soit une dévergondée ? Je vais grossir le trait, déterrer de méchantes histoires pour que vous ne puissiez pas continuer de mettre ma parole en doute. Vous ne voulez pas entendre que votre mari vous trompe et vous préférez penser que c'est moi qui suis dans l'erreur ? Vous saurez tout ce que vous ne vouliez pas savoir. Alors qu'il ne s'agissait au départ souvent que d'une méfiance naturelle, d'une difficulté à se reconnaître dans ce qui avait été dit, voire d'un souci légitime de défendre sa propre vision du monde, le voyant transforme vos questions en objections, vos réserves en agressions et la consultation en affrontement. Dans la quête improbable d'une acceptation sans réserve de ce qu'il est et de ce qu'il dit.

Aucune de ces tentations n'est propre à la voyance en soi – il est des consultants qui se prennent pour des prophètes, des thérapeutes qui cherchent à exercer un pouvoir d'emprise, des assistantes sociales qui ne supportent pas d'être inutiles, des petits chefs qui n'acceptent pas d'être contredits –, mais elles prennent une saveur particulière quand il s'agit d'une relation de voyance, avec un risque exacerbé de dérive. Car, contrairement à tous les autres, mieux que tous les autres en tout cas, le voyant est censé savoir (peut-être) ce que je ne sais pas moi-même...

Côté consultant : peurs, refus, soumissions et dépendances

La voyance fascine et elle inquiète en même temps. La voyance déroute et pourtant elle interpelle aussi. La voyance pourrait me rassurer me réconforter, m'éclairer, si elle sait me dire le futur qui m'attend, et si celui-ci est conforme à mes prévisions les plus joyeuses et les plus optimistes. Mais elle pourrait aussi me décourager si, au contraire, elle m'annonce les échecs, les accidents ou les trahisons que je ne veux surtout pas affronter. Face à la voyance, notre attitude est donc toujours quelque part ambivalente, mélange permanent d'attentes et de peurs, d'envies et de refus, d'attirance et de défiance.

Dans ce cadre particulier, le risque de dérive devient double, aux deux extrémités de la même chaîne d'attitudes. Soit – par méfiance ou par défense – je me cabre, je me crispe, je refuse d'entendre ce qui m'est dit, même si c'est juste, parce que c'est juste, et je préfère rejeter le voyant, si ce n'est la voyance, plutôt qu'accepter de considérer ce que j'ai entendu. Soit – par naïveté ou par faiblesse –, je me soumets au contraire sans discuter à la prédiction que l'on pose pour moi, au risque d'en devenir dépendant, surtout si la prédiction est positive, qu'elle me rassure et me conforte.

Dans la première catégorie, vous trouverez ainsi tous ceux qui disent consulter « pour savoir », mais attendent en fait seulement que le voyant confirme leurs pronostics, leurs souhaits, leurs désirs cachés. J'ai ainsi vu l'une de mes clientes, grande consommatrice de voyance devant l'éternel – le mot « consommateur » prend ici effectivement tout son sens –, poser la même question à cinq voyantes successives jusqu'à ce qu'elle trouve enfin celle qui lui a confirmé qu'elle pouvait remporter le contrat qu'elle espérait. Contrat que, bien sûr, elle n'a pas remporté et dont le simple bon sens aurait dû lui montrer d'emblée qu'elle avait peu de chances d'y parvenir. (La cinquième voyante ne s'était d'ailleurs pas nécessairement trompée, mais avait envie, je crois, de conforter cette cliente dans une vision positive d'elle-même et du monde, de ce qui est possible quand on déploie l'énergie nécessaire…). Et nous avons vu nombre de clients de voyance sortir mécontents, simplement parce que la vision du monde que le voyant leur avait restituée ne leur était pas acceptable : vision de leur conjoint, par exemple, de leurs relations de couple, de leur avenir professionnel, ou du travail qu'ils avaient à faire sur eux-mêmes. Parfois même parce qu'elle était plus positive que l'image qu'ils aimaient à s'en fabriquer ! Dans de nombreux cas que je connais bien, la description était pourtant juste. Mais pas acceptable pour autant, pas comme ça, pas de façon aussi abrupte, tombant directement de la bouche d'un autre. Les peurs, les refus qui se lèvent alors sont aussi compréhensibles, car la voyance nous expose là où nous n'en avons pas l'habitude, où nous préférons avancer masqués. Qui plus est, comme la voyance n'a aucune valeur officielle, il nous est toujours facile de ne pas accepter ce qui nous y est proposé. Après tout, tout ça n'est peut-être que du charlatanisme, rien ne me prouve que le voyant ait raison…

Dans la seconde catégorie, vous trouverez tous ceux qui consultent sans cesse, inlassablement, en quête perpétuelle d'une introuvable réassurance, pour poser toujours les mêmes questions, espérer toujours les mêmes réponses, solliciter encore et encore le ou les voyants qu'ils ont choisis pour qu'ils leur disent que tout va bien se passer, qu'elle va accepter de vivre avec lui, qu'il va revenir, que ce dont souffre leur enfant n'est pas grave, qu'il va retrouver du travail. Il existe ainsi des dépendances à la voyance, comme il en est à Internet, à l'alcool ou aux médicaments. Parce que la voyance sait parfois effectivement nous rassurer, et que certains d'entre nous en ont par trop besoin…

Ces tentations-là non plus ne sont pas inhérentes à la voyance. Il est des patients retors et bien défendus qui cherchent à piéger leurs thérapeutes successifs de peur d'être guéris, comme il est des collaborateurs très dociles qui attendent sagement de leur chef qu'il sache toujours à leur place ce qu'il convient de dire et de faire. Il existe des dépendants aux services d'aides et d'écoute par téléphone comme il est des managers en entreprise qui paient des consultants pour se prouver qu'ils n'en avaient pas besoin[1]. La voyance ici non plus ne crée rien, elle se contente de révéler. « Révéler », un mot qui lui va bien.

Attitudes justes, usages matures et questions pertinentes

Usages, limites, dérives, peurs, défenses, capacités militent ainsi, au final, pour un usage mature, fin, prudent et raisonné de la voyance.

Oui, il est possible de venir chercher de l'information en voyance, une information claire, précise, directe, bien difficile à obtenir autrement, surtout d'une façon aussi simple et rapide. Oui, il est possible de se poser sereinement en face d'un homme ou d'une femme capable de voyance, et de

---

1. Dans les deux cas concernés, je peux témoigner directement. J'ai participé pendant trois ans au management d'une association d'écoute par téléphone, pour constater qu'une partie significative des appels reçus tous les jours était le fait de nombreux individus « dépendants », capables d'appeler tous les jours, et parfois plusieurs fois par jour. De même, consultant depuis près de quinze ans, je ne peux que constater que certains clients demeurent très ambivalents face à une prestation de conseil. Parce qu'ils estiment parfois en avoir besoin, tout en regrettant de ne pas être capable de s'en passer, et tout en ayant en même temps envie de se prouver qu'ils sont plus compétents que celui à qui ils ont fait appel... Oscar Wilde disait : « Il est toujours dangereux de donner des conseils et parfaitement rédhibitoire d'en donner de bons. » Comme il avait aussi écrit : « On ne se débarrasse pas d'une mauvaise habitude en la flanquant par la fenêtre, il faut lui faire descendre l'escalier marche après marche. » Un conseil, même juste, ne suffit jamais en effet à faire changer qui que ce soit...

réfléchir avec lui, avec elle, aux décisions que nous devons prendre, en bénéficiant de son recul, de sa neutralité, et surtout de sa capacité à accéder à l'ensemble des paramètres de la situation, les nôtres comme ceux des autres. Oui, il est possible ainsi d'obtenir un miroir réfléchissant – dans les deux sens du terme –, afin de prendre en meilleure conscience ses propres décisions. Et la voyance, à ce titre, représente souvent une opportunité rare d'éclairer des situations qui nous semblent sinon bien délicates à appréhender.

Mais une telle approche – mature – suppose bien sûr d'être en relation avec un voyant résolument intègre, solidement en place, vraiment détaché. Elle suppose aussi d'être clair par rapport à ses propres motivations, capable d'accepter ce qui va être dit, sans appréhension particulière ni soumission aveugle. Elle suppose enfin une qualité de relation particulière entre le voyant et le consultant, une relation de confiance vertueuse partagée, pas si facile à établir avec quelqu'un qu'on ne connaît souvent pas au départ et dans un contexte général de suspicion relative. En voyance, comme dans toute relation, au fond, tout est affaire de confiance et d'équilibre.

La voyance n'est en effet qu'une faculté ; elle est donc neutre en soi. Elle représente une potentialité de l'être humain, mais ne dit rien de l'usage qui va en être fait. La main habile de l'homme peut créer, caresser, battre, tuer, mutiler, opérer. La vue peut faire le voyeur ou le peintre, le délateur, l'amoureux, l'astronome. De même, la voyance peut éclairer ou aveugler, celui qui la pratique comme celui qui l'utilise. À nous de choisir…

Chapitre 3

Ces questions que nous pose la voyance

Une fois constatée empiriquement la réalité de la voyance, une fois explorés ses usages et ses limites – tout au moins dans les cadres d'expérience dont nous avons l'habitude –, reste le plus difficile, c'est-à-dire tenter d'aborder les questions essentielles que nous pose la voyance, au-delà de nos certitudes ordinaires :

- la voyance est-elle une faculté commune ? Sinon, pourquoi et comment certains sont-ils devenus voyants malgré tout ? Et si oui, pourquoi le sommes-nous aujourd'hui si peu ?
- si le voyant capte effectivement des informations dans l'espace et dans le temps, comme si le temps et l'espace n'existaient pas, ou pas au sens où nous l'entendons habituellement, comment est-ce possible ? Où sont les informations que capte le voyant ? Pourquoi et comment lui sont-elles accessibles ?

- si le futur est parfois lisible – avec toutes les réserves que nous avons déjà évoquées –, qu'est-ce donc que le futur ? Qu'est-ce que les expériences réussies de voyance nous en disent, nous en suggèrent ?

- enfin, si un voyant peut obtenir de l'information à partir d'un objet, ou si je peux définir une réponse qui me concerne dans un livre en jetant des pièces de monnaie en l'air, qu'en est-il des liens entre l'esprit et de la matière ? Et, au-delà, de quels mystères l'esprit est-il ainsi le gardien ?

Nous n'avons bien sûr aucune prétention de traiter ainsi en quelques pages des questions aussi vastes, aussi profondes, aussi mystérieuses, qui toutes ont fait, et feront encore, l'objet de recherches complexes et d'ouvrages entiers. Nous voulons seulement poser les questions qu'amènent effectivement les expériences de voyance quand elles sont réussies. Et, quand c'est possible, esquisser une direction de réponse en confrontant les certitudes limitées que nous offrent des expériences précises aux idées, aux hypothèses, aux théories que nous avons pu croiser par ailleurs. Pour tenter une fois encore, mais sur un plan cette fois différent, d'éclairer la faculté de voyance, sa réalité, ses possibilités, ses usages, et au-delà l'homme que nous sommes et le monde dans lequel nous vivons…

Une faculté psychique ordinaire ?

Tous voyants ?

Oui, nous sommes tous potentiellement voyants, nous en sommes absolument convaincus. Oui, la voyance est une faculté de l'être humain, comme la vue et le toucher, la mémoire ou la capacité d'analyse. Oui, vous aussi, vous pouvez actualiser cette faculté demain si vous en avez envie. Mais comment vous le prouver ? Ou comment, tout au moins, vous faire partager cette conviction profonde ?

Tous ceux qui côtoient des voyants de près savent – je peux vous l'assurer – qu'ils sont des hommes et des femmes comme vous et moi, même si la faculté de voyance modifie parfois leur rapport au monde. En Occident, ce sont plus souvent des femmes, mais aussi des hommes proches de leur féminin. Non parce que la voyance aurait un sexe, mais parce qu'elle est, par nature, écoute, accueil, réceptivité, non-agir, plus proche d'une énergie yin, de la part féminine de notre énergie, que de la dimension yang, active et conquérante. Et donc sans doute plus facile d'accès à une femme qu'à un homme, trop souvent élevé dans l'idéal du chevalier en armure... Mais ils et elles ne sont ni extra-terrestres, ni génétiquement modifiés. Comment pourrait-il en être autrement ? Je peux en témoigner pour Joëlle, que j'ai vu progressivement devenir voyante (c'est-à-dire découvrir en elle-même, révéler, actualiser petit à petit une faculté jusqu'ici latente), il s'est bien agi d'un apprentissage, d'une découverte progressive, d'un accouchement d'une dimension de soi-même.

De même, tous ceux qui sont attentifs à ce qu'ils ressentent au quotidien ont souvent déjà fait l'expérience de rêves prémonitoires, d'intuitions étonnantes, de faits de voyance immédiate. Ils peuvent donc témoigner que quelque chose de cette faculté ne leur est pas tout à fait étranger, qu'ils l'ont déjà expérimentée au fond, même si c'est de façon très ponctuelle. Et tous ceux qui tirent régulièrement le Yi Jing, les runes ou le tarot ne peuvent aussi que constater leur capacité d'obtenir des réponses qui manifestement les concernent en manipulant des cartes, des pièces ou des galets. Certains préfèrent en déduire que ce sont les outils qui sont magiques, qu'un savoir secret y est crypté, mais pourquoi ne pas choisir une explication plus simple, qui parlerait plutôt de ce dont notre esprit est capable quand on lui ouvre la porte nécessaire ?

Enfin, la meilleure preuve de notre capacité à devenir tous voyants nous est sans doute fournie par les quelques cas que nous connaissons d'enseignement de la voyance. Joëlle a ainsi suivi, dans le cadre d'un cheminement spirituel, un enseignement spécifique. Tous les élèves qui ont suivi le même cursus ont obtenu des résultats positifs, sans exception, même si c'est – comme dans tous les cours – à des niveaux très différents, avec des aptitudes inégales et des motivations disparates. J'ai suivi moi-même un cours d'initiation à la voyance, donné par Joëlle avec l'un de ses amis. Même si c'est à un niveau infiniment plus modeste, je peux certifier que j'ai capté des informations sur des objets ou des photos que je ne pouvais capter sinon, et éprouvé en moi des ressentis nouveaux qui ne m'appartenaient pas. Maud Kristen, enfin, qui organise à Bruxelles un cours de voyance, attestait de même lors d'une conférence organisée par l'IMI de la même expérience et des mêmes conclusions. Tous ses élèves progressent. Tous parviennent à percevoir ce qu'ils ne percevaient pas avant, et dont nos sens ordinaires ne savent pas rendre compte. Bien sûr, et dans tous les cas, il s'agit d'individus ouverts, curieux, motivés, prêts à au moins tenter l'expérience – impossible de faire voir quoi que ce soit à qui n'ouvre pas les yeux –, mais comment serait-ce possible si la faculté n'était réservée qu'à quelques-uns, produit d'on ne sait quel don, quelle grâce ou quelle modification génétique ?

Lors d'une émission de télévision récente, une médium assez connue déclarait pourtant de façon péremptoire, comme bien d'autres avant elle : « Ça ne peut pas s'apprendre, d'ailleurs je ne l'ai pas appris », défendant ainsi de fait l'idée (égotique ?) d'un don réservé mystérieusement à quelques élus. Il est possible qu'elle soit parvenue à découvrir en elle des facultés sans que nul les lui enseigne, bien sûr, mais qu'est-ce que cela prouve, sinon que ces facultés sont justement accessibles ? Que nous le comprenions ou non, que nous l'acceptions ou non, nous sommes sans doute au fond tous voyants, même si, pour beaucoup d'entre nous, la faculté concernée est encore à l'état latent. N'est-ce pas là une excellente nouvelle ?

Une faculté latente

Mais alors, nous direz-vous, pourquoi les voyants ne sont-ils pas plus nombreux ? Et pourquoi ne sommes-nous pas plus souvent voyants, s'il s'agit seulement d'une faculté ordinaire, que nous portons tous en nous-mêmes ? La réponse nous semble simple : parce que nous vivons dans un monde qui a collectivement décidé que la voyance n'existait pas, et s'est ainsi en parallèle organisé pour ne pas, pour ne plus, en avoir besoin.

Le développement d'une science rationnelle et matérialiste s'est fait au détriment de facultés psychiques dont celle-ci ne savait pas rendre compte, et qui contrariaient ses logiques et ses protocoles. Ses succès – incontestables – ont donc logiquement conduit à l'idée que ses fondements étaient justes, et que ce qu'elle avait exclu, qu'elle ne savait ni ne voulait prouver, n'existait donc effectivement pas. De plus, les réalisations positives qu'elle a permises ont rendu d'autant moins utile une faculté de perception et de discernement que peuvent souvent pallier désormais outils et techniques de substitution. Nos ancêtres avaient besoin de pressentir le gibier pour ne pas mourir de faim, mais nous avons des supermarchés, dans lesquels il n'est nul besoin d'être voyant pour trouver de la viande. Pour ne pas se perdre en pleine forêt, la voyance peut être fort utile, mais nos forêts sont moins profondes qu'auparavant, nous avons des cartes et maintenant des GPS. Dans ce contexte, il est devenu très difficile de « devenir » voyant. Comment reconnaître en soi une faculté si celle-ci n'a pas d'existence officielle, si personne n'en parle – si ce n'est de façon ironique –, si elle n'est jamais enseignée, ni même seulement encouragée, si même ses manifestations les plus évidentes sont déniées systématiquement ? Et qu'en plus nous pouvons facilement vivre sans. La faculté de voyance est ainsi demeurée latente chez la plupart d'entre nous, inconsciente, au mieux affleurante...

Nous sommes tous capables de courir un cent mètres, et nous le courons tous d'autant plus vite que nous y sommes encouragés, préparés, entraînés, même si nous le courons tous à des vitesses différentes, en fonction de notre âge, de notre morphologie, de nos aptitudes naturelles et de nos motivations personnelles. Mais si nous n'avions jamais vu quelqu'un courir de notre vie, si on nous avait toujours dit que c'était impossible ou dangereux, nous n'aurions sans doute jamais couru, ou à peine, très peu, sans oser, sans y croire. Si nous l'avions fait tout de même, et qu'on nous avait aussitôt arrêtés sous les critiques, les peurs ou les quolibets, nous ne serions logiquement allés ni très loin ni très vite, et la faculté correspondante serait demeurée inexploitée. Il en est sans doute ainsi de la voyance comme de toutes les potentialités de l'être humain, et de tous les apprentissages. Sans un cadre collectif approprié, sans reconnaissance possible, sans entraînement, sans encouragement, comment pourrait-elle exister ? À part dans des cas rares, exceptionnels, accidentels…

Les exceptions au déni ordinaire

Si la faculté est en chacun d'entre nous, et si en même temps elle fait l'objet d'un déni collectif, comment se fait-il que certains soient tout de même parvenus à découvrir en eux les possibilités correspondantes ?

L'ensemble des témoignages que nous avons croisés tend à offrir à cette question deux types de réponses. Les premières parlent d'événements exceptionnels ou de contextes particuliers qui ont contribué à faire émerger la voyance au-delà des barrières habituelles. Les autres parlent plutôt d'une intensité exceptionnelle de la faculté, capable de s'exprimer malgré tout, malgré les résistances de l'entourage et le scepticisme officiel.

Du côté des événements exceptionnels et des contextes particuliers favorables à l'émergence d'une faculté de voyance, citons notamment :

- des histoires de transmission familiale. Si votre grand-mère est médium, si votre mère tire les tarots avec succès, si vous grandissez dans un contexte favorable, dans lequel la voyance est naturelle, quotidienne et légitime, vous allez bien sûr développer plus facilement vos propres facultés. Vous aurez le droit de « voir », vous y serez encouragés, vous apprendrez à faire confiance à ce que vous percevez, à ce que vous ressentez, et le résultat sera très différent de celui produit par une éducation ordinaire. Il y a ainsi des générations de médiums. Ce qui ne prouve en rien qu'il s'agisse d'un don héréditaire, mais plutôt que « les chats ne font pas des chiens », les professeurs fabriquent facilement de bons élèves, les grands sportifs de vrais sportifs à leur tour, et les médiums des voyants. Parce que le contexte d'apprentissage est essentiel, surtout pour une faculté par nature aussi immatérielle, et aussi absente des enseignements officiels ;

- des expériences limites. Des expériences de mort imminente (NDE, *Near Death Experience*) ou de coma prolongé ont manifestement permis à quelques-uns de revenir à la conscience ordinaire avec des facultés modifiées et de nouvelles perceptions. Ainsi du célèbre Joseph McMoneagle, que nous avons déjà évoqué à propos des usages que l'armée américaine a faits de sujets doués pour la vision à distance. Comme si ces expériences extrêmes avaient ouvert des portes dans l'inconscient de ceux qui les ont vécues et ramené ainsi au premier plan des potentialités jusqu'ici ignorées, au-delà des impossibilités habituelles, dépassées de fait dans ces conditions particulières ;

- de la nécessité de voir au-delà… Si nous en croyons également certains témoignages, des contextes familiaux cette fois très difficiles pourraient sans doute avoir aussi paradoxalement favorisé l'émergence de facultés de voyance. Quand vos parents vous mentent par exemple, quand ils ne sont pas en équilibre, quand leur parole ne vous permet donc pas de vous fabriquer une vision du réel cohérente, stable, rassurante, alors il vous devient viscéralement essentiel de comprendre malgré tout ce qui est en jeu, au-delà de leurs errances et de leurs mensonges. Confrontés à cette difficulté vitale, certains ont manifestement développé leurs propres facultés de voyance. Comme si leur inconscient avait su trouver en lui les facultés latentes nécessaires pour surmonter au mieux les épreuves proposées, et accéder malgré tout à une vision du monde crédible, comprendre ce qui est vrai et ce qui ne l'est pas, à qui faire confiance ou non. Retrouver en soi la voyance quand la voyance redevient vitale ?

- des enseignements spirituels et des expériences mystiques. Certains enseignements font une vraie part au développement de facultés comme la voyance, d'autres non, mais, dans tous les cas, l'ouverture, le détachement, la disponibilité que suppose par exemple la méditation favorise logiquement des facultés de perception aiguisées. Au-delà de l'ego, de ses certitudes limitées, des masques mentaux ordinaires. Au plus près du réel, enfin accepté comme tel, sans peurs, sans défenses, sans jugements. La voyance est sans doute ainsi le produit naturel d'un cheminement spirituel, à condition toutefois qu'elle puisse, là encore, être pensée et reconnue comme telle.

Quant à l'intensité spontanée d'une faculté exceptionnelle, elle nous rappelle aussi que, quel que soit le talent en jeu, qu'il s'agisse de calcul mental ou d'apprentissage des langues, de tennis ou de jeu d'échecs, nous sommes tous inégaux. Nous sommes tous capables de jouer de la musique, mais très rares sont les Mozart. Nous sommes tous capables de courir un cent mètres, mais il n'y a qu'un Usain Bolt, et personne avant lui n'avait su aller aussi vite. De même, face à la voyance, certains sont nécessairement plus avancés que d'autres, et ces talents particuliers se sont parfois affirmés malgré tout, accréditant au passage l'idée d'une faculté littéralement « hors du commun ». Ce qui pose simplement la question que posent tous les dons d'exception. Pourquoi certains enfants dont les parents n'ont jamais démontré aucun talent pour les sciences deviennent-ils brillants en mathématiques ? Pourquoi certains apprennent-ils très vite et très jeunes des langues que personne ne parle autour d'eux ? Comme s'ils avaient ramené, et retrouvé d'instinct, le savoir acquis dans des vies antérieures, diront certains. Et pourquoi pas, en effet ?

Et si nous étions tous reliés…

Interrogez un voyant, soumettez-lui par exemple le nom de quelqu'un que vous connaissez, même à peine, un collègue, une vague connaissance. Très souvent, de façon quasi instantanée, il sera capable de vous en dire quelque chose de spécifique, vous le décrire, approcher un peu de sa vérité propre, capter un trait distinctif, ou vous dire comment il va… Les voyants ont ainsi quelque chose de Google ou de Yahoo, capables aussi, en une fraction de seconde, de vous fournir des informations sur n'importe qui ou n'importe quoi, un lieu, un objet, une situation. Comme si Internet et ses moteurs de recherche les plus performants constituaient une sorte de métaphore technologique moderne de ce dont est capable depuis toujours la faculté de voyance cachée au cœur de chacun d'entre nous. Est-ce à dire que nous serions aussi tous reliés, tels des terminaux individuels interconnectés par quelque réseau invisible ?

La question

Quand il s'agit d'Internet, cependant, nous savons où sont les informations correspondantes, comment elles nous sont accessibles et comment elles peuvent nous parvenir. Mais quand il s'agit de voyance ? Où est-ce que la faculté de voyance capte l'information ? Comment est-elle disponible ? Pourquoi serions-nous capables d'y accéder ? Ces questions, pourtant simples, sont au fond aussi les plus délicates, peut-être les plus mystérieuses, et en même temps les plus importantes.

Un observateur ouvert, mais prudent et raisonné, accepte toujours assez facilement l'idée que le voyant capterait les informations « sur l'autre », celui qui est en face de lui, directement, de psyché à psyché, d'inconscient à inconscient. Et c'est pourquoi l'idée de télépathie semble plus facilement recevable que l'idée de voyance pure, dans l'espace et dans le temps. Sans doute parce que le processus semble ainsi moins mystérieux et parce que nous avons tous l'expérience d'intuitions directes plus ou moins justes, donc de quelque chose qui déjà s'en approche. Pourtant, il est clair, au travers des nombreux exemples que nous avons déjà évoqués, que la voyance ne se limite en rien à cette vision réductrice. Les explications nécessaires pour en rendre compte ne sont donc pas si simples, pas si évidentes, pas si acceptables pour un esprit cartésien, même souple et curieux.

Des explications, l'Occident qui en a peu cherché n'en a pas trouvé beaucoup. La voyance contredit trop facilement ses cadres de recherche ordinaires. Mais les physiciens quantiques – qui eux aussi perturbent par leurs expériences les certitudes matérialistes les mieux établies – font parfois des découvertes étonnantes qui rappellent, sur des plans différents, les raccourcis de la voyance et ses impossibilités apparentes. L'Orient, en revanche, a conservé des traditions à forte dimension spirituelle, dans lesquelles la voyance a souvent une place naturelle et s'inscrit harmonieusement dans un monde ordonné, compréhensible, expliqué.

Visions d'Orient

Même si toutes les cultures orientales sont bien sûr différentes, elles semblent cependant plus familières que les nôtres avec des phénomènes comme la voyance. Elles ont moins de mal à les nommer, les penser, les intégrer au quotidien.

En Inde notamment, là où restent encore vivantes des cultures spirituelles qui reconnaissent les facultés correspondantes et leur accordent une place, les explications nécessaires pour en rendre compte se formulent en des termes que nous pourrions résumer ainsi :

- tout est vibration. Chaque personne, chaque lieu, chaque nom posséderait sa propre vibration, comme une forme de signature invisible à l'œil nu. De même, chaque pensée, chaque action laisserait une trace dans l'univers, spécifique et distincte ;
- tout est donc accessible. Toutes les informations vibratoires – concernant toutes les personnes, vivantes et mortes, toutes les pensées, toutes les actions, donc toutes les causes et toutes les conséquences... – seraient ainsi disponibles, en une sorte de grande bibliothèque, ou plutôt de gigantesque base de données universelle, seulement inaccessible à nos sens ordinaires ;
- tout est (potentiellement) accessible à tous. Nous détiendrions en effet chacun « l'outillage intérieur » nécessaire – si vous nous permettez cette expression de mécanique – pour accéder à l'information concernée, la repérer et la décoder, donc la comprendre et la transmettre.

De façon plus explicite et plus détaillée, l'idée que tout est vibration, et vibration spécifique, conduit à une idée de codage, comme si chaque action, chaque pensée, chaque personne possédait une sorte de code-barre expliquant l'identification et la lisibilité potentielles de l'information concernée. De même que chaque terminal informatique a sa propre adresse IP, que chaque page d'un site Internet a ses coordonnées propres, qui permettent de la retrouver presque instantanément, de même chaque personne aurait comme une empreinte vibratoire unique, de même que chacune de ses pensées. C'est aussi pourquoi, sur un plan spirituel, chacune aurait une importance particulière, que rien ne serait innocent ni gratuit, inutile ou indifférent. Si tout laisse une trace, et une trace durable, tout est important. Si je crois que ma pensée n'est qu'une rêverie cloisonnée à l'intérieur de moi-même, alors qu'importe ce que je pense. Mais si cette pensée s'inscrit durablement dans l'univers, elle tend à le construire et à l'influencer…

Cependant, pour que tout soit accessible à un voyant, il faut aussi que toutes ces informations soient disponibles quelque part. Mais où ? Le monde oriental raisonne traditionnellement sur la base de cinq éléments constitutifs, alors que le monde occidental raisonne plutôt sur quatre : l'air, la terre, l'eau et le feu. L'astrologie chinoise repose ainsi sur douze signes, différents des nôtres (tigre, rat, coq, etc.), mais aussi cinq éléments distincts : la terre, l'eau, le feu, le bois et le métal. La tradition indienne considère également cinq éléments : l'air, la terre, l'eau et le feu, comme en Occident, plus un cinquième élément spécifique, l'éther. L'éther serait comme une enveloppe invisible, un élément immatériel. Or, ce serait justement dans l'éther que les informations seraient stockées. Comme si le monde n'était pas fait seulement d'une dimension matérielle, mais d'au moins deux dimensions complémentaires, l'une plus visible et plus évidente, l'autre plus impalpable et plus subtile. Il y a le corps qui vit, avec sa matérialité et sa mécanique propre, mais aussi la vie qui l'anime et la conscience qui l'habite. Comme si l'homme et le monde, ne pouvaient être réduits à leur dimension fonctionnelle, matérielle, superficielle, mais ouverts nécessairement à une dimension spirituelle.

Tout serait accessible à tous, enfin… car nous disposerions tous, en nous, des « organes » nécessaires à cette faculté de discernement. Parmi les sept chakras qui, pour l'Inde traditionnelle, constituent en quelque sorte « l'ossature énergétique » de chaque être humain, il en est deux, les deux chakras supérieurs, qui permettraient ainsi la faculté de voyance. Le chakra situé au sommet du crâne, au point le plus haut du corps, constituerait ainsi une sorte de capteur, nous connectant directement avec l'ensemble des informations disponibles. Le chakra qui lui est immédiatement inférieur, situé au milieu du front et communément dénommé en français[1] « le troisième œil » – appellation pour le moins explicite –, permettrait le décodage des informations correspondantes, et donc leur interprétation. Deux yeux extérieurs, visibles, pour lire les informations matérialisées du monde apparent et, au milieu d'eux, un œil intérieur, pour parvenir à d'autres plans de conscience et d'autres informations, cette fois « dématérialisées » ?

---

1. En sanscrit, le chakra correspondant est dénommé *Aajñaa*, qui signifie plutôt « celui qui dirige, celui qui commande ». Voir… pour savoir ? Et savoir pour diriger…

Pour ceux d'entre vous qui sont familiarisés avec les cultures énergétiques orientales, il n'y aura là rien de très surprenant. Pour les autres, tout cela pourrait sembler bien contestable. Cependant, outre que ces différentes représentations de l'homme et du monde proviennent de traditions anciennes, issues de cultures très élaborées, force est de constater qu'elles rendent plutôt bien compte des phénomènes constatés, des phénomènes qu'elles ont justement, elles, accepté de penser, aussi étonnant que cela puisse être pour nous. Qui plus est, la réalité du troisième œil, par exemple, de sa présence au centre de notre front et de ses propriétés, peut s'appréhender de façon très concrète et très physique. Joëlle l'a vécu très directement dans le cadre de l'enseignement qu'elle a reçu et le vit aujourd'hui au quotidien. Nous sommes quelques-uns à l'avoir expérimenté durant le cours de voyance que j'ai déjà mentionné. D'autres ont pu le vivre dans le cadre d'expériences parallèles, de perception et de lecture des auras, par exemple. Pour qui veut bien accepter d'en faire l'expérience, le troisième œil n'a rien d'un fantasme ni d'une métaphore.

Visions d'Occident

Face à ce qui ne se voit pas – même au microscope –, ne se pèse pas, ne se mesure pas, la pensée occidentale n'est pas très bien armée, surtout quand il ne s'agit pas de phénomènes psychologiques, pour lesquels nous nous sommes progressivement dotés d'un appareillage théorique relativement élaboré. Ainsi la physique classique, mécanique, ne sait pas intégrer *a priori* des phénomènes pour elle aussi atypiques que ceux décrits par la voyance, sans causalité matérielle, reliant sans relation apparente des consciences éloignées dans l'espace et dans le temps, au mépris le plus radical de ses postulats habituels. D'où la difficulté pour ses tenants officiels de penser la voyance, d'accepter même d'en parler ou de l'envisager.

Cependant, les postulats concernés ont été aussi largement mis en défaut, de l'intérieur pourrait-on dire, et depuis près d'un siècle, par les expériences d'une physique qu'on a dite « quantique ». Comme si la même vision du monde affirmée – concrète, matérielle, cartésienne – était battue en brèche à la fois de l'intérieur et de l'extérieur, au niveau du fonctionnement des particules les plus élémentaires comme des potentialités de la conscience de l'être humain.

Soyons clairs, nous ne sommes pas qualifiés pour parler de physique quantique. Et rien ne semble permettre d'affirmer que la physique quantique puisse aujourd'hui rendre compte des phénomènes de voyance. Mais il n'en reste pas moins qu'à sa façon, sur des bases d'expérience et aux niveaux de réalité totalement différents qui sont les siens, elle semble pourtant parler de phénomènes plus ou moins équivalents. Le monde mécanique et la voyance font un ménage impossible, et l'un n'a eu de cesse de nier l'existence de l'autre pour mieux s'affirmer. Le monde quantique et la voyance, par contre, semblent bien nous parler du même univers, même si c'est à des endroits très différents. Peut-être est-ce d'ailleurs pourquoi les avancées de l'une permettront une meilleure acceptation de la réalité de l'autre, en une prise de conscience progressive globale d'un monde effectivement plus riche, plus subtil, plus ouvert, plus relié que nous ne l'avons cru ici trop longtemps…

Pour illustrer concrètement notre propos, nous aimerions ainsi évoquer quelques idées, quelques théories et quelques expériences de micro-physique contemporaines, qui entrent naturellement en résonance avec les expériences de voyance que nous avons décrites, comme avec les explications orientales traditionnelles qui tentent d'en rendre compte :

- tout est vibration ? Pour la micro-physique moderne, souvenons-nous que la matière est seulement constituée de particules en mouvement au sein de grands espaces vides. Rien n'y est donc jamais stable. Tout y est énergie, mouvement, énergie en mouvement. Le monde n'est ainsi pas ce qu'il a l'air d'être, et la matérialité figée que nous croyons connaître par nos sens n'est au fond qu'une illusion relative. Même si cette idée nous dérange encore parce qu'elle contredit notre expérience immédiate, et surtout parce qu'elle crée les conditions d'une instabilité permanente nous rappelant l'inéluctable précarité de notre condition de mortel, elle est pourtant devenue évidente pour tous les scientifiques contemporains. Mais ne trouvait-on pas déjà, dans le *Grand Commentaire du Yi Jing*, cette phrase essentielle : « La seule chose qui ne change jamais, c'est que tout change toujours tout le temps » ;

- toutes les informations seraient accessibles dans l'espace, directement ? Certaines expériences de physique quantique concernant ce qu'il est convenu d'appeler la « non-localité » (ou non-séparabilité[1]) montrent que,

---

1. Les expériences correspondantes – entre beaucoup d'autres – sont notamment retranscrites de façon simple dans l'ouvrage de Jean Staune, *Notre existence a-t-elle un sens ?*, publié aux Presses de la Renaissance. On y trouve aussi, par exemple, cette citation qui pourrait s'appliquer de même, mot pour mot, à la voyance : « Il est clair que plus on pénètre dans les entrailles de la physique quantique et plus on s'éloigne d'une représentation classique du monde. Il n'est plus possible de décrire ce qui se passe en termes de concepts familiers conditionnés par le préjugé déterministe de la causalité. »

dans certaines conditions, des particules reliées par une même expérience peuvent évoluer rigoureusement en parallèle, à distance – l'une se transforme quand l'autre est l'objet d'une modification –, comme si l'information correspondante était transmise de l'une à l'autre. Alors même que c'est justement impossible *a priori*, puisqu'elle devrait sinon se transmettre à une vitesse totalement inconnue, très supérieure à la vitesse de la lumière. C'est comme si les particules étaient ainsi reliées à distance et pouvaient évoluer quasiment en même temps, comme si la modification de l'une créait la modification de l'autre, sans que l'on ait encore la moindre idée de comment c'est possible. Comme un voyant peut savoir à distance où vous êtes et comment vous allez, sans se déplacer, sans qu'aucune information ait circulé concrètement par une voie ou par une autre, en accédant seulement, directement, à la donnée correspondante ;

- le temps n'est qu'une dimension relative et nous pourrions aussi savoir avant ce qui va se passer après ? Il est de même d'autres expériences de micro-physique dans lesquelles – sous certaines conditions, là encore – l'idée de non-séparabilité semble indépendante du temps. Comme si la particule soumise au changement pouvait avoir changé avant celle qui lui est reliée… et vice-versa. Comme Joëlle peut savoir avant moi ce que je ne sais pas encore parce qu'à ce moment-là nous sommes reliés et que l'ordre d'apparition des informations au fond importe peu. Comme si le futur n'était pas nécessairement la suite du présent mais, au moins dans certains cas, la simple conséquence d'un enchaînement potentiellement réversible.

C'est donc le moment ou jamais de reparler du temps, de ce qu'est le futur, de ce qui peut en être lu et de ce que la voyance semble nous en dire à sa façon...

La si délicate question du temps...

Le futur est lové dans le présent

Imaginez un archer face à la cible, la flèche encochée dans la corde... Quand l'archer bande son arc, au moment précis où il s'apprête à décocher la flèche, le tir a d'une certaine façon déjà eu lieu. Au sens où tout est déjà en place, où intentions conscientes et intentions inconscientes du tireur sont déjà posées. Un voyant qui assisterait à la scène, de même sans doute que n'importe quel maître archer, saurait donc avec certitude où la flèche va se loger dans la cible. Parce que, d'une certaine façon, elle y est déjà. Ce futur-là est totalement écrit dans le présent, donné par les circonstances (le vent, la distance...) et par le tireur (sa préparation, la qualité de son geste, les caractéristiques de son arc...). Cet exemple – symbolique – pour rappeler qu'une partie de notre futur est déjà écrite aujourd'hui par tout ce que nous y avons conçu, et par ce que notre environnement direct nous offre comme perspectives en réponse. Et quand le futur est là, dans le présent qui directement le conditionne, alors le voyant peut lire avec précision ce qui va être et qui est déjà. Si nous sommes totalement conscients de ce que nous faisons et de pourquoi nous le faisons, le voyant ne saura rien de plus que ce que nous savons nous aussi. Les meilleurs archers atteignent ainsi leur cible quasiment à coup sûr, et le voyant ne leur serait d'aucune utilité. Mais si nous ne sommes pas complètement clairs quant à ce que nous avons posé comme intention – ce qui reste le cas le plus fréquent –, la voyance peut nous offrir un miroir très précieux du futur que nous avons ainsi généré sans le savoir. Et cela n'a rien à voir avec le libre arbitre. Car, bien sûr, et sur un autre plan, le tireur garde jusqu'à la dernière seconde la liberté pleine et entière de tirer ou non, d'atteindre ou non la cible.

La voyance consiste donc ici « seulement » en une faculté d'analyse de la situation concernée, comme une radiographie, une IRM en quelque sorte. De la même façon que l'état des ligaments dit déjà au médecin sportif l'évolution probable d'une entorse, donc le temps de repos qu'elle va nécessiter et les précautions à prendre pour le patient concerné. Ou comme, dans l'exemple personnel que j'évoquais au début de ce livre, l'état du trafic automobile sur un parcours connu me disait déjà la route inhabituelle que je devais suivre ce jour-là. Ce n'est donc pas ici la lecture de ce qui va se produire qui est étonnante, seulement la capacité d'accéder, de façon immédiatement synthétique, à l'ensemble des informations structurantes nécessaires. Parce que toute action, toute pensée laisse une trace accessible dans l'univers. Parce que nous sommes tous capables d'y accéder, de façon à mieux discerner ce qui va, ce qui doit, ce qui pourrait être.

Futurs probables et météorologie prédictive

Quand *un* futur défini n'est pas déjà là, lové dans le présent, *des* futurs sont donc encore possibles. Et parmi tous ces futurs en jeu, il est en toujours de plus probables que d'autres, de mieux préparés, de plus naturels compte tenu des forces en présence. Nous récoltons ainsi toujours concrètement ce que nous avons réellement semé, même si nous ne sommes souvent pas conscients de quelle semence nous avons effectivement mise en terre. La voyance lit les dynamiques à l'œuvre, et pose ainsi ce qui est moins une prédiction qu'une prévision.

La voyance joue ici quelque part le même rôle que la météo quand il s'agit de prédire/prévoir le temps qu'il fera, avec les mêmes atouts et les mêmes incertitudes, le même usage potentiel aussi. Mêmes atouts ? Une capacité de lire les forces en présence, les mouvements, les enchaînements de causes et de conséquences potentielles. Mêmes incertitudes ? Rien n'est jamais certain, tout est en mouvement, les forces peuvent évoluer dans d'autres directions, de nouveaux paramètres peuvent surgir et l'erreur, qui plus est, n'est jamais à exclure. Même usage ? La voyance comme la météo peuvent nous informer de façon très utile, sans toutefois nous enfermer dans aucune certitude absolue. Les « navigateurs » que nous sommes tous sur le chemin de la vie évolueront toujours mieux avec un niveau d'informations plus élevé, sans être jamais pour autant dispensés de s'adapter au présent que nous rencontrerons sur notre route, quel qu'il soit, que nous l'ayons vu venir ou non.

Force est enfin de constater, à ce niveau, que les prédictions, individuelles notamment, sont souvent justes… parce que nous évoluons très peu. C'est souvent ainsi la cohérence d'un comportement (en positif) ou sinon l'obstination, les conditionnements intérieurs et la compulsion de répétition (en négatif) qui font le bonheur de la prédiction.

Un exemple récent : je suis en contact avec de potentiels nouveaux clients. Le sujet m'intéresse, j'ai envie de les convaincre de travailler avec moi. D'ailleurs, Joëlle me voit d'emblée collaborer avec eux, sans aucun doute. Pourtant, le premier rendez-vous ne se déroule pas très bien, je n'ai pas d'affinité avec la personne qui est en face de moi et le projet correspondant n'aboutit finalement pas. Comme je suis motivé, cependant, je reviens à la charge avec une autre idée, face à un interlocuteur différent. Et finalement, nous trouvons effectivement un accord. Au-delà des péripéties ordinaires d'une situation somme toute très classique, la prédiction finit ainsi par être juste, après avoir failli ne pas l'être. Parce que Joëlle a lu mon intention résolue, le besoin et la possibilité d'un accord entre nous, donc la probabilité forte d'un devenir positif. Probabilité toujours, pas certitude. J'aurais très bien pu me décourager après la première phase. Et quelqu'un d'autre apparaître dans le champ qui aurait modifié les équilibres en présence. J'aurais pu être appelé par d'autres situations et manquer de temps et de motivation pour les convaincre au final. Ils auraient pu décider de ne rien faire. Rien n'est écrit. Tout s'écrit en permanence. Mais rien n'est imprévisible non plus. Tout n'est qu'enchaînement de causes et de conséquences.

Trajectoires multiples et prévisibilité relative

La difficulté évidente de l'exercice est ainsi indéniable, indépendamment du talent du voyant. Elle peut tenir parfois à la profonde indécision des acteurs en jeu, au fait qu'ils ne savent pas eux-mêmes ce qu'ils vont faire et qu'ils n'ont ainsi rien programmé de clair ou de durable. Mais elle peut aussi tenir au nombre parfois très élevé d'acteurs et de paramètres en jeu. Pour prendre un exemple symbolique très simple, imaginez un, des marcheurs, sur un chemin de montagne. Il est facile – sans même avoir besoin d'être voyant – de prévoir l'endroit où un randonneur isolé va finir par s'arrêter le soir, et où il sera le lendemain ou le surlendemain, si on sait lire son énergie, son état de fatigue, sa motivation, le temps qu'il fait, la route à parcourir et les lieux d'étape connus. C'est encore relativement facile avec deux marcheurs, surtout s'ils sont ensemble, un couple, deux amis, liés par une énergie et un projet communs. Il sera déjà plus difficile de définir ce que fera un groupe composé de quelques personnes, surtout si elles sont là pour des raisons différentes, pas nécessairement d'accord entre elles, que toute décision collective sera donc le résultat d'un compromis. Il sera encore plus complexe de lire les interactions entre un plus grand nombre d'individus, surtout dans des contextes ouverts et politiques. Plus le groupe sera homogène et dirigé de façon stricte, et plus l'énergie commune sera lisible dans sa dynamique, donc dans son résultat, ainsi d'une équipe de football par exemple, tendue vers un objectif. Mais quand, comme en Bourse, le résultat final (le cours de l'action) est le produit de milliers de mouvements individuels aux quatre coins de la planète, s'influençant qui plus est les uns les autres en permanence, l'illisibilité devient quasi totale, au moins à court terme.

Un exemple à ce titre éclairant : un de nos amis consulte en parallèle deux voyantes, par curiosité pour la voyance elle-même et aussi pour bénéficier de recoupements possibles, donc de plus de certitudes potentielles. Disponible, célibataire, il est à cette époque très intéressé par une jeune femme avec laquelle il travaille, dans une attirance qui lui semble réciproque. Comme il part bientôt avec elle en déplacement à titre professionnel, il aimerait savoir ce qu'il doit faire et si cette attirance a une chance de se concrétiser. Les deux voyantes sont formelles. Oui, il l'intéresse aussi. Oui, ils ont de vraies affinités. Oui, il devrait se passer quelque chose entre eux, selon la formule consacrée. Et, effectivement, ils partent ensemble, sont attirés l'un par l'autre, il l'invite à dîner, prêt à transformer la relation. Avant d'aller plus loin, cependant, elle l'informe… qu'elle est enceinte. D'un autre. Par accident. Elle a envie de garder cet enfant, même si elle ne compte pas vivre avec le père. Notre ami, cependant, ne souhaite pas s'engager dans ces conditions. L'histoire n'aura donc pas lieu. Les voyantes se sont trompées. Trompées ? D'une certaine façon, oui, c'est incontestable. Car manifestement, elles ont vu le futur probable d'une situation donnée… sans voir que, sur une autre trajectoire, un événement (fortuit ?) allait tout remettre en cause. Peut-être parce que l'événement en question n'avait pas encore eu lieu, qu'il n'avait pas été prévu, que l'intention n'en avait pas été posée et qu'il n'était donc pas encore lisible. Ou peut-être parce que les deux voyantes, au même niveau de lecture, ont seulement lu ce qui se « tramait » (au sens littéral, issu du tissage) au niveau direct où la question leur a été posée, et pas ce qui se jouait dans le même temps à un autre niveau, moins évident puisque moins explicite et moins conscient. Car la voyance est toujours affaire de point de vue, de proximité ou de hauteur. Les photographes le savent bien, on ne voit pas la même chose si on est éloigné de l'action ou si on est au plus près, équipé d'un grand angle ou d'un téléobjectif, soucieux de capter des émotions individuelles ou de visualiser des interactions collectives…

Un autre exemple du même ordre, qui nous concerne cette fois directement : il y a environ trois ans, dans le cadre d'un appel d'offres, je m'apprête à présenter un projet de mission de conseil à un nouveau client potentiel lors d'un oral de sélection finale. Pour un certain nombre de raisons qui tiennent au contexte, je ne suis pas très motivé par la mission et ne suis même pas sûr d'avoir envie de remporter l'appel d'offres en question. J'en parle à Joëlle en prenant un café.

Elle me répond aussitôt : « Ne t'inquiète pas, de toute façon, tu ne l'auras pas. » Et effectivement, j'apprendrai par la suite que le dossier était bien promis à quelqu'un d'autre, avec qui les équipes en jeu avaient l'habitude de travailler. Sauf que, lors de l'oral, le consultant pressenti réalise une prestation médiocre et très décevante. Comme j'avais rédigé la proposition la plus convaincante, je fus donc finalement choisi, sans avoir pourtant posé d'intention très positive, et malgré la « prédiction » de Joëlle. Erreur signifiante là aussi, qui milite également pour l'idée que la voyance – ou tout au moins une part significative de ce qu'elle est capable de produire comme informations utiles au quotidien – ne lit pas le futur, mais bien plutôt le présent. Le présent et ses extensions probables, sa dynamique à l'œuvre. Toutes choses égales par ailleurs.

Le futur, création permanente ?

Car la difficulté est bien là. Le futur, qui n'est pas écrit, est la résultante permanente d'interactions multiples… et quelque part infinies. Certaines séquences – simples, isolées – sont clairement lisibles pour qui pèse correctement les énergies en présence, d'autant plus lisibles que leurs acteurs creusent avec conviction des sillons plus réguliers. Mais comment lire tous les mouvements et toutes leurs conséquences ?

Si je vois un cycliste dans la rue, son mouvement, son attitude me disent déjà quand il aura atteint le carrefour. Je peux aussi voir (pressentir) – mais avec déjà une forme de hauteur et de recul par rapport à la situation globale – que la voiture qui vient de la rue adjacente va arriver en même temps que lui sur le même carrefour et que son conducteur, déjà distrait car il est au téléphone, pourrait bien manquer de le renverser. Mais comment voir aussi que la petite fille qui est dans une voiture en stationnement garée dans la rue que le cycliste est en train de descendre va brutalement en sortir, mue par quelque impulsion subite, obliger le cycliste à un écart, puis à s'arrêter ? Que le cycliste ne rencontrera donc pas la voiture au conducteur distrait et échappera ainsi au risque d'accident ? Surtout si le mouvement de la petite fille n'existe pas au moment où est faite « la photographie » de voyance, parce qu'elle n'a encore rien décidé, parce que l'envie de bouger n'a pas encore émergé en elle...

Aucun de ces mouvements en soi n'est pourtant totalement imprévisible. Mais comment être sûr de les lire tous ensemble dans leurs enchaînements complexes ? Sauf à prétendre à une forme d'omniscience. Bouddha ou Jésus peut-être, pures consciences délivrées, pourraient embrasser à la fois toutes les causes et toutes les conséquences, là où il n'y a plus ni présent, ni passé, ni futur. Mais tant que nous ne sommes pas tels, que nous ne sommes pas détachés de la matière, nous resterons victimes de nos propres limitations et nous ne capterons que ce dont notre conscience est capable, au niveau d'ouverture où elle se situe aujourd'hui.

À ce titre aussi, les expériences de voyance rejoignent d'une certaine façon les expériences de la physique la plus contemporaine. Une des avancées les plus étonnantes de la physique quantique a consisté en effet à comprendre que si les micro-particules observées prennent une forme fixe à un emplacement donné, cette forme n'est donnée que pour l'observateur, le temps de l'observation. Comme si le présent n'existait de façon relative que dans l'observation qui en est faite à un instant *t*. Comme si, surtout, la réalité de la particule à un instant donné n'était que la matérialisation immédiate… d'une probabilité parmi d'autres. Ainsi serait la vie ? Un ensemble de probabilités ouvertes et vivantes, en création permanente, qui à un instant donné, le temps d'un arrêt sur image, serait doté d'une apparence de fixité ?

Et pourtant…

Et pourtant, l'honnêteté nous oblige à reconnaître que si de telles hypothèses sur un futur en devenir permanent rendent bien compte de très nombreux exemples, avérés ou non, il en est aussi quelques-uns, rares, très simples ou plus élaborés, qui semblent échapper à ces approches encore logiques, au moins d'une certaine façon…

Par exemple, j'ai personnellement un rapport au temps particulier, d'une étrange précision. Que je sache exactement de combien de temps j'ai besoin pour me rendre à un rendez-vous dans Paris ne relève pas en soi de la voyance, seulement d'une sorte de système expert performant, et il n'y a là rien de mystérieux. Mais il est aussi des cas plus étranges, qui méritent peut-être une mention particulière. Il y a quelques semaines, je rentre de Normandie en voiture. Je pars de Trouville un samedi avant 14 heures, et me dis spontanément que je serai chez moi à 16 h 30 précises. Or, dans des conditions de trafic fluide, il me faut d'habitude moins de deux heures pour faire le chemin. Pourtant… je vais bizarrement me tromper de sens en entrant sur l'autoroute, puis trouver un embouteillage à l'entrée de Paris. Quand j'actionne le bip de mon parking, il est ainsi… 16 h 30 exactement. Sans être reproductible au sens où les scientifiques aimeraient qu'elle le soit pour accepter de la prendre en compte, ce genre d'expérience s'est renouvelée chez moi si souvent que je me permets de l'évoquer ici. Il y a un an environ, par exemple, je vais au bord de la mer, près du Touquet. À l'aller, je pense : « J'y serai à midi. » Quand je me gare sur le front de mer, il est midi. Le lendemain, avant d'aller déjeuner puis de reprendre la route, j'imagine un retour… à 15 h 18. Je me dis alors, en raisonnant cette fois de façon logique, que non, c'est impossible, le temps de manger puis de rentrer, il devrait être au moins 16 heures. Pourtant, le service est très rapide, la route totalement dégagée… et je me retrouve devant l'entrée de mon garage à 15 h 18 exactement. Sans pour autant avoir surveillé l'heure, sans avoir changé ma façon de conduire, en m'étant même arrêté pour aller aux toilettes. Mieux, je descends au début de l'été 2007 du nord de Lyon vers Aix-en-Provence, en faisant un crochet par l'Ardèche. L'amie qui m'accompagne me demande en partant à quelle heure nous allons arriver, je lui réponds 18 heures alors que je ne sais pas du tout combien de temps ce périple va nous prendre. Pendant plus de la moitié du trajet, et notamment à la fin, ce n'est même pas moi qui conduis. Quand nous avons garé notre voiture à destination, il était 18 heures. Le trajet avait déjà eu lieu avant même d'avoir été accompli ? Poser l'intention suffirait à créer les conditions ? Quelle est sinon cette horloge parfaite, ce chronomètre prévisionnel interne, qui sait déjà ce que consciemment je ne peux pas savoir ?

À un niveau moins anecdotique et plus romanesque, on peut trouver dans les récits de voyantes de nombreux exemples très étonnants, concernant la prévision à très long terme, parfois des années auparavant, d'événements privés, des rencontres par exemple, comme d'événements collectifs, assassinats ou catastrophes notamment. Même si on focalise beaucoup d'attention autour des quelques exemples probants et que les livres sont remplis de ces exemples-là, force est de reconnaître que nous avons surtout vu beaucoup de ces prédictions ne jamais se réaliser. Le futur ne se laisse pas appréhender si facilement ! Quelques-unes pourtant, mystérieusement, échappent à toute logique – fût-elle subtile – et, au-delà de toute explication causale et de tout entendement, éclairent de leur mystère entier la question du futur et de sa prédiction. Maud Kristen, pour ne citer qu'un exemple, raconte dans *Ma vie et l'invisible* qu'elle a un jour très précisément décrit à l'une de ses consultantes une maison dans laquelle elle allait vivre, une maison ancienne, proche de la mer, au bord d'une falaise. Et cette maison existe effectivement déjà au moment où Maud la voit. Mais sa consultante, qui vit à Paris et n'imagine en rien partir pour la province, ne voit pas du tout de quoi il pourrait s'agir. Elle devra en effet attendre plusieurs années… avant de rencontrer l'homme qui va hériter de cette demeure en Normandie, de découvrir celle-ci dans la réalité et de pouvoir valider cette prédiction étrange, au demeurant parfaitement inutile (au sens où l'image d'une hypothétique maison en bord de mer ne l'aidait en rien à mieux se situer dans le présent). Parce que la conscience ignore le temps, et que parfois des intentions, des trajectoires peuvent être dessinées, donc prédites en amont, très en amont ?

Quand il s'agit de voyance, quelle que soit la qualité des hypothèses que nous parvenons à formuler, quelle que soit la cohérence des expériences que nous pouvons effectuer, il faut aussi, je crois, accepter que l'essentiel nous échappe probablement encore. La raison, telle que nous la connaissons et savons en faire usage, n'est sans doute ici ni totalement caduque ni vraiment suffisante non plus. « Savoir, c'est savoir qu'on sait ce qu'on sait et qu'on ne sait pas ce qu'on ne sait pas », disait Confucius…

L'esprit, la matière et ses mystères

Nous aimerions terminer cet ouvrage sur des questions, des hypothèses, des intuitions, mais aussi le constat de mystères presque insondables. De façon à affirmer également avec humilité les limites évidentes de nos expériences, de nos approches et de cette façon encore prudente de tenter de réconcilier raison, réflexion et voyance.

Le premier des thèmes connexes à la voyance que nous aimerions ainsi aborder concerne les liens étranges qui pourraient exister entre l'esprit et la matière. Les expériences de psychokinèse ne font pas partie du champ de la voyance, donc de celui de cet ouvrage. Il ne sera donc pas question ici de possibles déplacements d'objets à distance, ni de savoir si et comment on peut allumer ou éteindre l'électricité par la puissance de la pensée. Toutefois, même sans évoquer ces terrains d'expériences très particulières – et très contestées –, les expériences de psychométrie (voyance à partir d'objets) que nous avons décrites brièvement posent déjà de vraies questions dérangeantes. Quand un voyant prend un objet en main et découvre des images de son histoire, comment il a été utilisé, où il était détenu, comment il a été brûlé ou volé, ou quand un voyant touche une pierre dans un lieu ancien et récupère des images, même fragmentaires, de ce qui s'y est passé, il semblerait donc que l'esprit puisse pénétrer la matière, ou que la matière soit dotée d'une forme d'esprit. Comme si les objets conservaient une mémoire propre. Comme s'il existait la possibilité d'une réconciliation de l'ensemble des plans, l'esprit et la matière, le minéral, le végétal et l'humain…

N'importe quel tirage de Yi Jing pose de même une question délicate. Car si, en lançant trois pièces de monnaie en l'air, ou en séparant quarante-neuf baguettes d'achillée, nous parvenons à définir la figure qui, dans un livre chinois ancien, correspond à la situation que nous vivons, c'est que – d'une certaine façon tout au moins – notre esprit serait aussi capable d'influer sur la matière des pièces ou des baguettes qui servent de support à notre interrogation. Ou que nous aurions mis en mouvement de mystérieuses connexions invisibles qui nous auraient permis de faire coïncider la réponse que nous portons avec le nombre de piles et de faces que nous avons obtenu. Hypothèses pour le moins difficiles à accepter pour un esprit occidental – nous le reconnaissons volontiers –, mais questions que les expériences de voyance ou d'arts divinatoires obligent cependant à se poser…

À un autre niveau – à moins qu'il ne s'agisse en fait du même –, nous aimerions enfin évoquer très rapidement ce qu'il est convenu d'appeler signes, coïncidences ou encore « synchronicité », ces moments où le monde semble se faire l'écho direct et précis de nos pensées ou de nos préoccupations, sans que nous parvenions à savoir ce qui est à l'œuvre, et sans qu'*a priori* il puisse s'agir de voyance pour autant. Car si je vois venir à moi la personne à qui je viens justement de penser, il est probable que j'aie en fait capté son approche et que c'est l'information de voyance qui a généré la pensée correspondante. Mais si, comme dans la célèbre expérience de Jung et du scarabée d'or ou comme je l'ai vécu moi aussi[1], vous racontez un rêve fait quelques nuits auparavant et qu'au moment précis où vous le racontez, le monde vous en offre un écho direct et précis ? De quoi est-il alors question ? De quelles connexions subtiles s'agit-il réellement ?

Une seule fois dans ma vie, j'ai ainsi ouvert « au hasard » une bible que je venais d'acheter, pour y chercher un signe, une information, une indication. C'était avant d'écrire un texte de réflexion très personnel. J'ai ouvert le livre à la première double page du livre de Job, sur laquelle figuraient seulement deux mots en caractères plus importants, les titres des deux premiers chapitres, « Le déporté » et « L'aveugle », dans cet ordre qui plus est. Or, mon grand-père a été déporté et mon père est aveugle. Comment une telle qualité de coïncidence, directe, concrète, indiscutable, est-elle seulement possible ? Est-ce encore de la voyance ? Ce qui supposerait que nous soyons tous capables, à l'instar d'Alexis Didier, de lire les yeux bandés dans n'importe quel livre fermé, d'y capter directement les informations dont nous avons besoin ? Ou bien s'agit-il ici d'autre chose ? Comme si – au-delà même des facultés psychiques indéniables dont nous sommes manifestement dotés –, il existait un ordre profond du monde auquel, parfois, nous nous retrou-

---

1. Une patiente de Jung fait un rêve où elle reçoit en cadeau un scarabée d'or. Au moment précis où elle raconte son rêve à son analyste, un insecte frappe à la fenêtre, qui ressemble à s'y méprendre au scarabée évoqué… De la même façon, il m'est arrivé une fois de raconter à une amie – juive au demeurant – un rêve dans lequel j'avais visualisé une église qui ressemblait à un temple et à une mosquée en même temps, et que mon analyste avait relié à Jérusalem. Au moment exact où je lui dis « Jérusalem », le mot apparaît comme écrit pour moi sur le mur d'en face. J'étais justement face à la Librairie de Jérusalem, rue des Barres à Paris, dont j'ignorais totalement l'existence avant cet instant précis…

vons confrontés mystérieusement. N'est-ce pas Albert Einstein lui-même qui disait : « Le hasard, c'est Dieu qui se promène incognito » ?

La voyance ouvre ainsi sur un au-delà de la raison et de la matière, donc de la science ordinaire et de la physique classique, et milite à sa façon pour une réconciliation de dimensions jusqu'ici trop souvent opposées. Mais elle offre aussi une ouverture sur un au-delà des facultés de l'esprit individuel, là où les tentatives d'explications que nous sommes capables de produire aujourd'hui, profondément conditionnés néanmoins par une culture et ses schémas mentaux, n'ont sans doute plus de sens…

La voyance a ceci de très beau, de très inspirant, qu'elle pourrait témoigner d'un monde effectivement spirituel où toutes les consciences sont véritablement reliées. Si, en effet, comme l'enseignent nombre de grandes traditions spirituelles, la conscience de l'homme (son âme, le Soi, l'*Atman*, qu'importent les mots utilisés) – au-delà du mental, de l'ego, des limitations ordinaires – est capable de se relier à tout, d'être tout, alors il est logique que nous en ayons parfois comme la prémonition. Peut-il y avoir une compréhension de la voyance sans spiritualité ?

Conclusion
Au plus près du réel...

Au-delà des masques

La voyance est un art du réel. Aussi paradoxale que cette affirmation puisse sembler, force est pourtant de constater – expérience après expérience, témoignage après témoignage – que la voyance nous rapproche de la réalité : la nôtre, celle de tous ceux qui nous sont proches, la vérité des êtres et des situations. Même si elle se déploie d'une façon qui semble mystérieuse, impalpable, captant on ne sait vraiment où des informations dont on ne sait non plus comment elles y sont disponibles, la faculté de voyance est manifestement une faculté de discernement qui nous permet d'entrer en contact plus étroit avec le réel. Plus étroit donc plus juste. Plus juste, donc plus fécond.

Bien sûr, une fois encore, il faut s'entendre sur les termes. Si je considère comme réel seulement ce que je sais expliquer, alors rien ici n'est réel. Mais si je reconnais les faits pour ce qu'ils sont, même si je n'y entends rien, alors c'est bien de réalité qu'il s'agit. La voyance est réelle même si elle n'est pas encore perçue comme rationnelle. Et elle ne l'est pas –

elle le sera sans doute demain – seulement parce que la raison dont nous sommes capables de faire preuve n'est, pour le moment, pas à même d'en rendre compte. Est-ce suffisant pour en dénier l'existence ? Serons-nous, collectivement, à ce point autistes et malhonnêtes que nous préférerons encore et toujours nos propres constructions mentales, si élaborées, si séduisantes soient-elles, aux faits purs et avérés, même si justement ils nous dérangent ?

En lisant ce qui sinon n'est pas lisible, en nous proposant de mieux connaître ce qui nous habite et nous environne, la voyance, si elle est correctement pratiquée et proprement utilisée, nous conduit surtout au-delà des apparences. Pas au-delà du réel. Seulement au-delà des illusions, des mensonges et des faux-semblants. Au-delà des ignorances aussi. Quand un voyant lit en moi ce que je refuse de voir, au-delà de ce que j'ai envie d'entendre, il est vrai, il est juste, que je le comprenne ou non, et il me rend service... si je suis capable de l'accepter. Car si au fond je ne suis pas amoureux de celle que je vais épouser et que je me plais seulement à m'illusionner pour faire plaisir à mes parents ou à l'image que je me fais de leur vouloir, mieux vaudrait que je le comprenne avant qu'il ne soit trop tard et que je m'engage dans une situation certainement vouée à l'échec. Et quand une voyante m'explique que je ne réussirai pas à trouver un terrain d'accord avec ce client, quels que soient mes efforts, parce qu'au fond nos positions ne sont pas compatibles et qu'un autre fournisseur est mieux placé que moi, je pourrais – si j'en prends conscience – gagner beaucoup de temps, d'énergie et même de confiance. Mais à condition encore et toujours de préférer la vérité d'une situation à l'image que j'ai envie de m'en construire.

La voyance est ainsi un très bel outil pour faire tomber les masques, et en premier lieu les nôtres. Et c'est bien ce qui nous inquiète et nous a toujours inquiétés. Individuellement, parce que nous ne vivons souvent avec notre propre vérité qu'un ménage des plus approximatifs. Collectivement, parce que, tous ensemble, nous avons décidé de ce qui était possible et impossible, acceptable ou non. L'Occident s'est ainsi construit sur un réseau de certitudes – et il faut toujours un réseau de certitudes fortes pour que quelque chose d'important puisse se construire –, mais ce réseau de certitudes a tendance à n'inclure que ce que nous savons en comprendre de façon certaine, concrète, mesurable et reproductible. La voyance jusqu'ici n'en a donc pas fait partie. Les masques qu'elle menace par sa simple existence sont ainsi ceux-là mêmes qui lui refusent toute existence officielle.

Le visible et l'invisible

Si toute la réalité était accessible à nos cinq sens ordinaires, la vie serait sans doute plus simple. Mais voyance et physique quantique, spiritualité et psychanalyse, chacune à leur façon, nous renvoient pourtant à la même évidence : le monde visible, concret, conscient, celui que l'on voit, que l'on touche, que l'on dissèque, que l'on sait ainsi mesurer, reproduire et prévoir, n'est qu'une partie de notre univers, à l'intérieur comme à l'extérieur de nous-mêmes. La plus simple, la plus tangible, la plus évidente. Pas nécessairement la plus importante…

La voyance nous confronte ainsi directement, en effet, à la réalité d'une dimension non visible de nous-mêmes et du monde. Une faculté que l'on ne sait situer, qui ne dispose clairement d'aucun organe apparent – contrairement aux cinq sens dont nous avons l'expérience directe – permet d'obtenir immédiatement – sans que l'on voie comment – des informations pourtant exactes, disposées dans l'espace et dans le temps, là où nos sens usuels ne savent ordinairement ni les trouver ni les lire. Comme s'il existait bien un autre niveau de réalité, un autre plan de conscience, et que ce plan nous soit effectivement accessible, ici et maintenant. Comme si, décidément, « l'essentiel était invisible pour les yeux ».

Tels saint Thomas (et commettant la même erreur que lui, qui n'a pas voulu croire ce qu'il avait pourtant devant lui), nous avons cependant pris l'habitude de ne croire que ce qui se voit et s'explique aisément. Ce qui se voit ? Mais alors, pourquoi avoir justement parlé de voyance ? Car si le voyant voit ce que je ne vois pas, c'est que je suis aveugle à ce qui m'entoure. Comme si je ne pouvais et ne voulais voir que ce que j'accepte d'en comprendre ? Au sens où Nietzsche disait : « Nous n'entendons que les questions dont nous sommes capables de trouver les réponses. »

Pourtant, nous devrions être habitués collectivement, culturellement, à ce type de retournements. Car la Terre tourne autour du Soleil, personne n'en doute aujourd'hui, même si ce n'est pas l'expérience que nous en avons quand nous voyons le soleil se lever à l'est pour se coucher à l'ouest au terme de sa course quotidienne. Et que d'aucuns, en leur temps, ont pourtant été brûlés pour l'avoir soutenu trop clairement. La matière, de même, nous semble toujours dense, pleine, inerte, pourtant elle n'est que vide et mouvement, les physiciens contemporains l'affirment et le prouvent avec les outils sophistiqués dont ils disposent. Même si nous ne le percevons pas quand nous regardons un mur, une table, un arbre ou un rocher, et que nous en avons longtemps dénié la possibilité. L'inconscient n'a par nature aucune existence physique évidente. Pourtant, nos rêves, nos lapsus, nos associations, nos actes manqués – pour ne parler que de ses manifestations les plus simples et les mieux connues – parlent malgré nous de cette part inconnue de nous-mêmes qui trop souvent agit à notre insu. Même si d'aucuns continuent de prétendre que la psychanalyse n'a pas de bases scientifiques, comme si l'inconscient d'un homme ou d'une femme pouvait être mis en équations. Et comme si le fait qu'il ne puisse pas l'être lui interdisait par avance toute existence légale. De même la voyance aussi, à son tour, est-elle une porte ouverte sur une autre dimension de nous-mêmes et du monde. Et c'est ce bien qui la rend importante, essentielle, au-delà des expériences qu'elle permet et des services qu'elle peut rendre. Que nous acceptions ou non d'en reconnaître la vérité.

Réconcilier… enfin ?

Si la voyance existe, car elle existe, elle nous dit que l'homme est plus riche qu'il ne le croit d'ordinaire – tout au moins en Occident –, qu'il est doté de plus de facultés, capable de plus d'entendement.

L'existence même de la voyance nous ouvre ainsi l'accès à un monde où nous semblons tous pouvoir disposer, quand nous le souhaitons, des informations, de toutes les informations nécessaires, pour prendre les décisions justes au bon moment.

Comme la voyance existe, force est d'en déduire que le monde est plus ouvert et surtout plus relié que nous ne l'avons trop longtemps cru. Que nous ne sommes pas des individus isolés au sein d'un monde vide ou même absurde, mais bien des consciences reliées dans un ordre en mouvement.

Ne sont-ce pas d'abord et surtout d'excellentes nouvelles ? Même si, bien sûr, la reconnaissance de ces facultés qui nous sont propres nous parle aussi, comme la psychanalyse avant elle, de tout ce que nous ne savons pas de nous-mêmes, de l'illusion de cohérence superficielle que nous avons trop longtemps entretenue à notre propre sujet. Mais tout apprentissage n'est-il pas à ce prix ?

Car les faits de voyance – par leur seule et simple existence – nous conduisent à découvrir une autre vision du monde, à entrevoir d'autres plans de réalité que celui dont nous avons tellement l'habitude, des plans plus subtils et plus étonnants, plus riches et plus ordonnés. Au-delà des masques et des constructions mentales, comme des certitudes cartésiennes ou des préjugés scientifiques. Comme s'il nous fallait aujourd'hui, par-delà les prouesses technologiques dont nous nous sommes rendus capables, retrouver aussi ce que nos plus grands ancêtres savaient quelque part déjà, ceux qui ont rédigé le Yi Jing par exemple, et tous leurs pairs…

Le retrouver pour réconcilier, cette fois sur un plan plus élevé, leur intuition du monde et notre savoir-faire, leur faculté de voir et notre capacité à démontrer, leur sens de l'ordre global et notre faculté d'analyse, leur ouverture sur l'invisible et notre accomplissement matériel.

Et accepter enfin cette réconciliation.

« *La raison fut une aide. La raison est l'entrave. Transforme la raison en une intuition ordonnée.* »

Sri Aurobindo

www.ingramcontent.com/pod-product-compliance
Lightning Source LLC
Chambersburg PA
CBHW050826160426
43192CB00010B/1914